Levi Israel Ufferfilge

NICHT OHNE MEINE KIPPA!

Mein Alltag in Deutschland
zwischen Klischees und Antisemitismus

TROPEN SACHBUCH

Tropen
www.tropen.de
© 2021 by J. G. Cotta'sche Buchhandlung
Nachfolger GmbH, gegr. 1659, Stuttgart
Alle Rechte vorbehalten
Printed in Germany
Cover: Zero-Media.net, München
unter Verwendung eines Fotos von © Thomas Dashuber
Gesetzt von C.H.Beck.Media.Solutions, Nördlingen
Gedruckt und gebunden von CPI – Clausen & Bosse, Leck
ISBN 978-3-608-50412-5

Zweite Auflage, 2021

Bibliografische Information der Deutschen Nationalbibliothek
Die Deutsche Nationalbibliothek verzeichnet diese Publikation in der
Deutschen Nationalbibliografie; detaillierte bibliografische Daten
sind im Internet über http://dnb.d-nb.de abrufbar.

*Für meine Oma,
meine Eltern
und Marc
in Dankbarkeit*

»Unsere Geschichten sind alles,
was wir haben.« **OMA**

INHALT

Vorwort	13
1 Am Anfang gab es keine Kippa	**16**
Gut behütet	20
Die Welt, ein Buch	23
Liebe deinen Nächsten, außer er ist ein Jude	25
Katholisch-jüdische Diaspora	27
Eine erste rote Ampel	28
Eine Kippa, um das Eis zu brechen	30
2 Nachbars Jude oder: Wie ich die Anonymität der Großstadt suchte und nicht fand	**33**
Vier Wände und ein Türpfostenfall	33
Bäppi, dat (Rheinisch), Substantiv, n	40
Der Regenschirm, dein Freund und Helfer	42
Vom Israelit zum Eremit	45
Mein Name ist Goldstein, Dr. Goldstein	48
Treffen sich ein Jude, ein Postbote und ein Kind in der Nachbarschaft	49
Hunde gegen Antisemitismus	53
3 Omakind	**55**
Eine Oma weiß, wann ihr Enkel im Fernsehen ist	57
Stolz und Hörgerät	60

Onkel Dickie	62
Im Westfalen der letzten Glühwürmchen	64
Dabei heißt es doch, Kuchen sei ungesund	67
Quarterlife Canada	69

4 Ist das ein Israeli? – Entdeckungen auf dem Campus — 73

Bildung gegen Antisemitismus?	78
Eine seiner Blüten: die Beschneidungsdebatte	79
No food, no drink, no Jew	81
Die im Staub schlafen	83

5 Aulem und Amalgam – Von jüdischen Worten und jüdischen Welten — 89

Was vom Aulem übrigblieb	93
Nur über mein Laken!	97
Das Eigene im Fremden	98
Der Aulem als Familie	101
Manche Worte dürfen gern das Zeitliche segnen	107

6 Unterwegs – Der Goy fährt heute abweichend von Ihrem Gleis — 109

Reise in die Vergangenheit	114
Ein Kölsch bitte	120
Dafür gibt es doch auch ein griffiges Wort	122
Ich glaube, das A steht für Antisemitismus	124
Die Wege der Bahn sind unergründlich	131
Zu kurz am Zug	133
(Ultra-)orthodox	135
Vom Regen in die Trambahn	138
Nonne am Gleis	142

7 Vater am Apparat – Ein Offizier und Unikum   145

8 Kakao, Kurden und Krawall – Beim Einkaufen
neue Freunde finden   158
    Gut gekühlter Judenhass   162
    Ungeahnte Nachbarschaftswache   164
    Messer, Kakao, Scherbe   165
    Gib dem Affen Traubenzucker   171
    Mein Freund   173

9 Lehrer Levi oder: Wie auf dem Herd
das Feuer brennt   176

10 Weitermachen, wenn es wehtut   191
    Kein Onkologe wird mit Antisemitismus fertig   193
    G'tt schuldet uns keine Antworten   198
    Nach Halle wohin?   202
    Ein Käppchen, für das es sich lohnt   205

VORWORT

Schauen Sie sich den Buchdeckel noch einmal an. Das ist alles, was eine fremde Person auf der Straße, im Supermarkt, im Zug, im Café, am Strand, an der Bushaltestelle, im Hörsaal und im Wartezimmer sieht: eine Kippa auf einem Hinterkopf. Eine Projektionsfläche. Den Vertreter aller Juden oder Zerrbilder von Juden. Den Staat Israel auf zwei Beinen und eine fleischgewordene Verschwörungstheorie. Ein Fabelwesen. Keinen Menschen, keine Person mit einem bestimmten Charakter oder eigener Geschichte.

Dieses Buch ist eine Sammlung meiner eigenen schlechten, auch guten, traurigen, auch heiteren Erfahrungen damit, in diesem Land als Jude sichtbar zu sein, und damit, was es bedeutet, mit einer Zielscheibe auf dem Hinterkopf zu leben. Es sind Erzählungen davon, wie die Kippa zu meinem Kopf kam und wofür es sich lohnt, sichtbar jüdisch zu bleiben. Auch Erzählungen davon, warum das mitunter so wehtut. Das Erleben, Widerfahren, Wehren und Weitermachen aus meinem Blickwinkel.

Ich fürchte, wenn ich nicht aufschriebe, was mir widerfährt, hätte ich das zweifelhafte Glück, es zu verdrängen. Doch daraus würde niemand etwas lernen. Und würde ich mich unsichtbar machen, gäbe es das Problem noch immer, aber mich nicht mehr ganz.

Ich erinnere mich nicht mehr, was die erste antisemitische Tat war, die ich erlebt habe. Ich kann mich nur noch vage an ein Gefühl von Ohnmacht erinnern, das sie zurückließ. Ich erinnere mich nicht besser, weil ich diese erste Erfahrung nicht aufgeschrieben hatte. Ich erzählte damals stattdessen meiner Oma davon und wie schlecht ich dieses Gefühl loswerden konnte, weil ich im Nachhinein nichts mehr an der Tat ändern konnte. »Nimm dir einen Zettel und einen Stift und schreib alles auf. Das hilft«, riet mir meine Oma. Seitdem schreibe ich alles auf, denn tatsächlich hilft es sehr. Andere mögen das Schreibtherapie oder Empowerment nennen; ich nenne es *Wegschreiben*. Ich tat dies lange nur für mich selbst in Notizbüchern, später in Notizen auf dem Smartphone. Doch irgendwann reichte das nicht mehr und so teilte ich meine Notizen vor etwa zehn Jahren zum ersten Mal auf Facebook, später auch auf Twitter. Wenn ich schon Schlechtes erleben musste, wollte ich damit zumindest nicht allein sein. Andere sollten sich mit dem Problem auseinandersetzen. Andere sollten davon erfahren, Anteil nehmen, sich in meine Lage versetzen, sensibel dafür werden, Hilfsbereitschaft entwickeln.

In den 2010er Jahren hielten viele Menschen in Deutschland Antisemitismus für ein historisches Relikt, nicht für ein akutes Problem. Umso entsetzter reagierten viele Menschen auf meine Anekdoten aus dem Alltag. Mein guter Freund Daniel Warwel entdeckte die Erzählungen für den Gemeinschaftsblog *kleinerdrei* von der mutigen Anne Wizorek. Dort wiederum wurde die Redaktion von *jetzt*, einem Onlinemagazin der *Süddeutschen Zeitung*, auf die Erzählungen aufmerksam und veröffentlichte einen der Texte auf seiner Homepage. Imke Rösing von der Literaturagentur *rauchzeichen* las ihn und hatte die Idee für das Buch, das Sie in Händen halten. Ihr, Anne, Daniel und meiner Lektorin Julia Matthias stellvertretend für den gesamten Tropen Verlag gilt für seine Entstehung mein besonderer Dank.

Dieses Buch sollte eine Zusammenstellung von Alltagsgeschichten sein und wurde mehr. Das Kapitel über mein Aufwachsen habe ich eigens für dieses Buch verfasst; ich konnte dazu kaum auf zuvor niedergeschriebene Erinnerungen zurückgreifen. Ansonsten besteht das Buch aus den Erfahrungen, die ich mit jüdischer Sichtbarkeit mache, so wie ich sie unmittelbar nach dem Geschehen, manches Mal ein paar Stunden später aufgeschrieben habe. Für dieses Buch habe ich die Texte kontextualisiert und sortiert. Ich habe hauptsächlich aus den letzten zehn Jahren Erlebnisse ausgewählt, die einen Querschnitt ergeben sollen: nicht die Summe des Schlimmsten, aber auch keine Schönrednerei. Ich habe außerdem ganz andere Einblicke in mein Leben eingewoben, damit man erkennt, was auf dem Buchdeckel wirklich gezeigt wird: keine Kippa auf einem Hinterkopf, sondern eine insbesondere jüdische Person mit einem zugegeben langen Namen und einer eigenen Geschichte.

Ich knüpfe an dieses Buch die Hoffnung, dass es in späteren Jahren nie im Wissen um die bittere Ironie gelesen werden möge, dass der Autor schlussendlich Deutschland verlassen musste oder sein Leben gar dem Antisemitismus zum Opfer gefallen war. Dieses Buch soll nicht mein Testament werden. Vielmehr soll es einen kleinen Beitrag dazu leisten, dass andere Jüdinnen und Juden es einmal leichter haben werden, sichtbarer und damit freier leben zu können.

1

AM ANFANG GAB ES KEINE KIPPA

Im westfälischen Nirgendwo, das Torfbauern Generationen zuvor einem riesigen Moor abgerungen hatten, bin ich so deutsch aufgewachsen wie jeder andere Dorfbewohner, für den die deutsche Leitkultur die Summe all dessen ist, was sein Leben ausfüllt: nicht hehre Ideale demokratischer Freiheiten, humanistischer Bildung oder Dichter-und-Denker-Hochkultur, sondern das Schimpfen über das viel beschworene schlechte Wetter Westfalens, Plaudereien über die frisch geernteten Bohnen aus dem Gemüsegarten, den Frühschoppen im Gasthof, die alte Kegelbahn, den Jahrmarkt mit Viehverkauf am Samstag, den G'ttesdienst am Sonntag, die totgeglaubte Mundart und das Trinken und Schießen im Schützenverein.

Es mag bitter klingen, doch in meiner Kindheit und Jugend begriff ich die Region, in der ich aufgewachsen bin, als post-jüdisch. In meinem Heimatort gab es – spärlich sichtbar jüdisch – nur mich mit meiner Kippa auf dem Kopf, die meine Großmutter liebevoll »Käppchen« nennt, und den in einem kleinen Waldstück gelegenen jüdischen Friedhof, den bis heute nahezu niemand unter den protestantischen Dorfbewohnern kennt. Die ehemalige Synagoge ist heute ein Wohnhaus ohne Erinnerung an seine sakrale Funktion oder das jüdische Leben, das in ihm weilte. Jeder jüdische Besitz ist einst unter Wert verkauft und geraubt worden. Viele Jüdinnen und Juden, deren Kultur bis zum Nationalsozialismus für fast alle Dorfbewohner Teil ihrer unausgesprochenen, unreflektierten Leitkultur gewesen ist, sind ermordet worden, manche konnten durch Flucht dem gewaltsamen Tod entgehen. So ist es überall in diesem Land gewesen, ob Provinz oder Metropole.

Es gab um mich herum also kein jüdisches Leben. Die nächste jüdische Gemeinde Minden war weit weg und winzig. Es gab höchstens einmal im Monat einen G'ttesdienst. Judentum fand in Deutschland im Stillen statt, meist unsichtbar.

Auch mit dem Zuzug vieler tausender Jüdinnen und Juden aus den Ländern der ehemaligen UdSSR in den 1990er Jahren und Anfang der 2000er Jahre wurde jüdisches Leben in Deutschland nicht selbstverständlich. Die deutsche NS-Vergangenheit, die Shoah und ihre Folgen, der Anpassungsdruck in der BRD, der nicht zu überwindende Kontrast zu dem Leben und der Kultur, die vorher da gewesen und dann zerstört waren, verunmöglichten jede jüdische Selbstverständlichkeit. Daran konnten die russischsprachigen Neumitglieder wenig ändern; immerhin stammten sie aus der Sowjetunion, die jahrzehntelang Juden und Judentum unterdrückt hatte.

Was meine unmittelbare Umgebung mir nicht bieten konnte, eröffnete mir das amerikanische Fernsehen: eine vielfältige, vitale jüdische Welt. Es zeigte mir, dass Jüdischsein in den USA derart normal, verbreitet und gleichberechtigt war, dass es nicht nur in nahezu jeder Fernsehserie jüdische Figuren gab, sondern auch in zahlreichen Zeichentrickserien.

Bei den Kleinkindern in *Rugrats* gab es sogar Episoden, in denen sie jüdische Feiertage wie Pessach und Chanukka feierten. Ohnehin schien Chanukka das nach Weihnachten am häufigsten im Fernsehen zu bestaunende Fest zu sein. Ich sah es in der *Sesamstraße;* später dann in *Friends* und natürlich in *Die Nanny*. Ich hatte manchmal den Eindruck, man würde Bar-Mizwa-Feiern wie in *Die Simpsons* öfter zu sehen bekommen als Taufe, Kommunion und Konfirmation zusammen.

Noch heute werde ich gefragt, ob meine Mutter so wie jene in *Die Nanny* sei (ist sie nicht) und ob Juden wirklich so gern und so viel essen würden wie in der Serie (wer isst denn nicht gern und viel?). Ich mochte die Serie sehr. Ich glaube, ich habe sie vier- oder fünfmal in ganzer Länge gesehen und kann bis heute das deutsche Titellied singen: »Sie verkaufte Hochzeitskleider und war sehr mondän ... mondän!«. Oft habe ich überlegt, ob ich von der Serie eine humorvolle, augenzwinkernde Vermittlung meiner Religion und Kultur gelernt habe. Zweifellos habe ich durch sie ein gewisses Faible für Barbra Streisand entwickelt.

So manche späte Stunde habe ich mit Filmen und Serien zugebracht, die noch lange vor meiner Kindheit und Jugend gedreht worden sind. *Ausgerechnet Alaska* etwa, das mir in meiner Jugend eine große Hilfe gewesen wäre, schließlich geht es um einen jungen Mann, der als einziger Jude in einem Kaff im Nirgendwo landet.

Mit diesem Nirgendwo, meiner alten Heimat, verhält es sich wie mit einer Schneekugel: Der Untergrund ist nahezu völlig eben. Und so wie sich die Natur nicht erhebt, tun es auch menschliche Bauten kaum. Es erscheint, als würde der Himmel hier wesentlich mehr Raum einnehmen als in der Stadt, die den Blick gen Horizont doch stets einzuschränken weiß. Das Blick auf dem offenen Land wandert immer wieder nach oben: zu der enormen Weite und Tiefe der Nacht, der Vielzahl der Sterne. Und am Tage zu den riesigen, sich mächtig auftürmenden Wolken. Ein besonders imposantes Schauspiel: Wenn es so windig ist, dass es die dicksten Äste von den Bäumen reißt. Der Himmel färbt sich dunkelblau wie alte Tinte, und die Wolken scheinen so schwer, dass es sie auf den Asphalt niederzwingen müsste. Stattdessen aber fallen Regentropfen, gröber und härter als in gnädigeren Regionen, nieder. Vielleicht muss ein Zurückgedrängter umso aufsehenerregender zur Schau stellen, wie er sein verbliebenes Gebiet beherrscht: durch tosende Unwetter und Nächte, die alles verschlucken.

Das Nirgendwo ist wie gemacht für lange Spaziergänge. Ich ging früher jeden Tag meist ein und denselben Weg entlang spazieren. Er führte meine Straße entlang, immer geradeaus, bis zu einer Weggabelung, an die ein Acker grenzte. Hier musste man wählen: Ging man nach links, kam man zu einer alten Pferdekoppel, die die besten Jahre schon lang hinter sich hatte; ging man nach rechts, verschwand der Weg irgendwann ins Ungewisse. Ich pflegte nur bis zu jener Weggabelung zu gehen. Dort stand ein weiß-rot gestrichener Holzpfahl. Ich tippte ihn an und kehrte um. Die Strecke bis dorthin nutzte ich, um einen bestimmten Gedanken in meinem Kopf zu drehen und zu wenden. Während Joggen wohl dazu dient, den Kopf freizubekommen, füllt ein Spaziergang ihn mit Klarheiten und Wirrnissen an. Ich sah Hasen über die Äcker hasten und Rehe genügsam über die Felder schreiten. Schafe blökten in nebliger Ferne, und ab und an flatterte ein Fasan aufgescheucht aus einem Geäst, wenn ich ihm zu nahe gekommen war. Berührte ich den Holzpfahl – ich nannte ihn den Grübelpfahl –, der unfreiwillig an die Markierung des Nordpols erinnerte, war es Zeit für einen neuen Gedanken auf dem Rückweg. Ich dachte über das Für und Wider in einer Angelegenheit nach, dachte an einen Menschen, an ein vergangenes Ereignis, an Worte für ein neues Gedicht, das ich gerade schrieb, oder hielt ein Zwiegespräch mit G'tt.

Es gab immer schon Orte, die ich am schönsten fand, wenn ich mit ihnen allein war. Oder sie nur richtig genießen konnte, wenn ich mich an ihnen ganz einsam wähnte. So als gäbe es nur die Weite oder Geborgenheit des Ortes und mich und nichts weiter sonst auf der Welt. Keine anderen Menschen. Keine Unterschiede. Keine Verpflichtungen, irgendetwas Dringendes zu tun – oder überhaupt etwas zu tun.

In meiner alten Heimat hatte ich drei Orte, an denen ich am liebsten ganz allein war: der stille, bewaldete Teil vom Tierpark meines Heimatorts, das schier endlose Moor mit seinen Reihern, Kranichen, Schafen und Gewächsen und der im Herzen eines kleinen Waldstücks verborgene winzige jüdische Friedhof.

GUT BEHÜTET

Obwohl mein Gedächtnis launisch zu sein scheint und ich mich an vieles aus meiner Kindheit nicht mehr erinnere, trage ich die Erinnerung an meinen Opa, der kurz, bevor ich in den Kindergarten kam, gestorben ist, ganz genau mit mir. Ich könnte viele Tage, die ich mit ihm verbracht habe, vom Aufstehen bis zum Zubettgehen in erschöpfendem Detail nacherzählen.

Meine Eltern, meine Geschwister und meine Großeltern

lebten zusammen in einem Haus mit großem Garten. Wir hatten einen Fischteich, Obstbäume, einen üppigen Gemüsegarten, ein Glashaus und ein Häuschen für das Federvieh meines Opas, das er sich zu seiner und meiner Freude hielt. Ich durfte die Hühner und Fasane füttern und darauf achten, wann ihre Eier im Brutkasten zu schlüpfen begannen, um den Küken beim Schlüpfen zu helfen. Die neuen Küken ließ ich dann meist zur Freude meiner Eltern auf dem gedeckten Frühstückstisch herumtapsen. Mein Opa brachte mir allerhand über Gemüsesorten bei und wie wichtig es ist, sich um die Erde mit ihren Geschöpfen und Gewächsen zu kümmern. Wenn wir einige Zeit in der Sommersonne einen Hühnerdraht verschoben, Erbsen pflückten oder ich in den Kirschbaum klettern sollte, um einen kranken Ast abzusägen, setzte mir mein Opa zum Schutz seinen alten Filzhut auf, der mir viel zu groß war. Er sagte dann entweder »Der Hut steht ihm gut«, oder »Damit bist du immerzu gut behütet«, und zog dabei das »ü« so lang, dass auch ein Vierjähriger das Wortspiel verstand.

Ich hatte mir als Kind den Garten Eden wie unseren Garten vorgestellt. Ein geschützter Raum, in dem alles in Ordnung war. Friedlich und geborgen. Es gab nur diesen Garten und unser Haus als sein Anhängsel. Es gab für mich keine Außenwelt und keine Reflexion über andere Menschen oder mich. Auch der Garten Eden hatte so lange funktioniert, wie es keine Reflexion und keine Welt außerhalb des Paradieses gegeben hatte.

Als mein Opa starb, war unsere Zeit im Garten vorüber. Seine Hühner wurden getötet und, nur weil ich darum flehte und bettelte, wurden die beiden Hähne fortgegeben und die Fasane im Wald ausgesetzt. Die Besitztümer meines Opas wurden für meine Oma und mich zu besonderen Schätzen.

Alltägliches wie Spielkarten, Pfeifenzubehör, eine Holzschatulle voller Ersatzknöpfe für seine Anzüge und Hosen, halbvolle Saatpäckchen, seine Gartenutensilien und seine Filzhüte wurden zu Unantastbarkeiten. Es galt, sie in Schränken und Schubladen zu bewahren und darüber kein Wort zu verlieren.

Es gab eine einzige Ausnahme: Opas Alstergläser. Hohe, schmale Biergläser mit Goldrand, aus denen man Gemische aus Bier und süßem Sprudel, später Sprite trank. Gebrauchsgegenstände ohne nennenswerten Materialwert, aber sie wurden gehegt und stets ansprechend präsentiert. Während Männer ihr Bier aus anderen Gläsern tranken, bekamen Frauen diese Gläser für Mischgetränke in die Hand gedrückt. Kinder bekamen sie für Spezi oder Malzbier bei Feierlichkeiten. Ich liebte diese Gläser als Kind, denn sie zierten nicht kitschige, sondern sensibel gemalte Tiere heimischer Wälder: einen Hirsch, zwei Rehe, ein Wildschwein, einen Hasen, einen Fasan und einen Auerhahn.

Es war ein unausgesprochenes Gesetz, dass das Glas mit dem Auerhahn mein Glas war. Mein Opa holte es hervor, wenn wir Besuch hatten, und schenkte mir meine Spezi ein. Angeblich war es das erste Glas, aus dem ich als Kleinkind getrunken habe. Ich war fasziniert von diesem Vogel. Womöglich, weil ich die Hühner und Fasane meines Opas geliebt hatte und der Auerhahn wie ihr anmutiges Oberhaupt aussah.

Nachdem mein Opa gestorben war, nutzten wir weiterhin die Alstergläser mit den Waldtieren. Ich trank aber nicht mehr nur bei besonderen Anlässen aus dem Glas mit dem Auerhahn, sondern fortan immer und alles aus ihm. Spezi, Malzbier und Kakao, auch wenn es als Unsitte galt, Letzteres nicht aus einer Tasse zu trinken.

Meine Oma machte es glücklich, mich aus dem Glas trinken zu sehen. Noch Jahre später. Irgendwann bot sie mir an, es doch endlich mitzunehmen. Doch ich ließ es zurück.

Vor zwei Jahren sah ich im Zoo zum ersten Mal in meinem Leben einen Auerhahn. Da stand nun dieses seltene Geschöpf wie eine Chimäre aus Fasan, Truthahn und Rabe und ging imposant auf und ab. Reckte den Kopf, plusterte sich etwas auf, gurrte und spannte sein schwarzes Federrad mal stärker, mal schwächer an. Ich schaute ihm eine ganze Weile zu und musste daran denken, dass ich ihn eigentlich fünfundzwanzig Jahre zu spät zu Gesicht bekomme. Aber vielleicht hat auch mein Opa selbst nie einen Auerhahn mit eigenen Augen gesehen. Er hätte sich bestimmt bis über beide Ohren gefreut und mit mir gemeinsam wie hypnotisiert vor diesem Vogel gestanden. Und nicht zuletzt dachte ich: Vielleicht sollte ich sein Glas beim nächsten Besuch doch mitnehmen.

DIE WELT, EIN BUCH

Anders als mein Opa, war mein großbürgerlicher und großstädtischer Onkel besonders um meine geistige Bildung bemüht. Er richtete sich in drei Zimmern im oberen Geschoss des Reiterhofs meiner Großeltern mütterlicherseits eine ansehnliche Bibliothek ein, um die für ihn müden Stunden in der Provinz mit ansprechender Lektüre zu versüßen. Er sammelte allerlei Sachbücher zur Länderkunde (vor allem Inselstaaten), besaß Statistiksammlungen über Handelsbeziehungen zwischen Staaten, riesige Atlanten, längst veraltete Werke über Flora und Fauna, Polit-Biographien von und über Winston Churchill, politische Abhandlungen über den Zionismus und insbesondere die Kibbuz-Bewegung, Darstellungen über Sklaverei und Rassentrennung in den USA, Militärkitsch mit vielen blau-grünen Bildern von Kriegsschiffen, Werke über das Alte Ägypten, Mesoamerika und Native Americans, Philosophisches, Judaistisches, allerdings nichts über die Shoah oder den Nationalsozialismus.

Das Gedeihen meines Geistes sah er in der Provinz in Gefahr. So gab er mir bei jedem Besuch ein Buch mit, das ich lesen und später mit ihm besprechen durfte. Das ehrte mich, denn mein Onkel erwähnte in meiner Kindheit häufig Personen der Geschichte, die ich nicht kannte (und viele der Erwachsenen wohl ebenso wenig), und Zusammenhänge und Ereignisse, die ich nicht begriff. Das machte großen Eindruck auf mich. Schließlich ließ er mich ab Mitte der Grundschulzeit in seiner Bibliothek schalten und walten, wie ich wollte. Ich konnte auf diese Weise Menschen und ihre Geschichten kennenlernen und zeigte mich besonders von denjenigen Individuen und Gruppen beeindruckt, die um den Erhalt ihrer Kultur oder um ihre Rechte kämpften.

In dieser Zeit wurde mir die Synagoge sehr wichtig. Meine Eltern fuhren mich immer häufiger bis nach Münster für G'ttesdienste, Unterrichtsstunden und ein paar Jahre später sogar für ein Praktikum beim Gemeindekantor. Ich fand jüdische Freunde, die aber alle so weit weg wohnten, dass wir uns nur selten trafen. In Herrn Mendel fand ich einen persönlichen Mentor und Lehrer, der mir über viele Jahre hinweg biblisches Hebräisch, Tanach und Talmud, Halacha (jüdisches Recht), Ethik und eine große Wertschätzung gegenüber Ritualen, Gebeten und Liturgie näherbrachte.

Am Gymnasium wurde mein Jüdischsein erst relevant, als ich nach einem Aufenthalt in London, bei dem ich auf ein selbstverständliches, offenes Judentum getroffen war, begann, meinen Davidstern-Anhänger für jeden sichtbar über meiner Kleidung zu tragen. Meine Kippa trug ich zu dieser Zeit nur in der jüdischen Gemeinde, beim Gebet oder wenn ich im Tanach, in der Mischna oder in anderen religiösen Schriften las und darüber sinnierte.

Ich war weder in meiner Klasse noch später in der Oberstufe unbeliebt, half anderen bei den morgendlich noch zu erledigenden Hausaufgaben und posaunte meine guten Noten nicht herum. Ich war kein Streber, und ich wusste um meinen Vorsprung, den ich durch meine Lektüren hatte, und ich bemerkte sehr früh, dass es mir wesentlich leichter als anderen fiel, gelesene Informationen aufzunehmen, zu verstehen und abzuspeichern. Da kam es mir gelegen, mich neben der Schule mit Hebräisch und Jiddisch und allerlei jüdischen Texten und Gedanken auseinanderzusetzen.

Ich hatte eine scharfe Zunge und brachte andere gern zum Lachen, weshalb mich auch diejenigen Mitschüler stets wohlwollend duldeten, mit denen ich nichts gemein hatte. Zugleich hatte ich einen bis heute erhaltenen Kreis aus engen Freunden, für den mein Jüdischsein ganz normal war.

LIEBE DEINEN NÄCHSTEN, AUSSER ER IST EIN JUDE

Doch was für meine Freunde galt, galt nicht für alle in meiner unmittelbaren Umgebung. Ostwestfalen ist eine Region mit einer Vielzahl freikirchlicher Gruppierungen, die hauptsächlich durch russische Spätaussiedler nach Deutschland gekommen sind. Mennoniten, Baptisten, Adventisten, allerhand Pfingstler und andere Evangelikale prägten vor allem qua Kinderreichtum mit den Jahren die ansonsten schlicht lutherische Gegend immer stärker. Hatte es in meinem festen Klassenverband keine Freikirchler gegeben, traf ich in der Oberstufe plötzlich auf einige von ihnen. Und auch wenn sie mir gegenüber meist freundlich geblieben sind, waren ein paar von ihnen in Kirchen mit antisemitischem Gedankengut großgeworden. Ihre Prediger schwadronierten von den Juden mit verlorenem Seelenheil, die in Synagogen den Teufel anbeten würden. In ihren freikirchlichen Buchhandlungen konnten sie über und über Bücher erwerben, die ihnen erklärten, warum Juden so verkommen wären und Jesus ermordet hätten oder wie man Juden am besten missionieren könne. Sogar ein Exemplar von *Die Protokolle der Weisen von Zion*, dem antisemitischen Standardwerk schlechthin, sah ich einmal in einem der evangelikalen Bücherregale stehen. Ich hatte nie vermutet, dass die recht verwirrt scheinenden Leute, die mich ein paar Mal vor der Mindener Synagoge abgefangen hatten, um mir weiszumachen, sie müssten meine arme jüdische Seele retten (wobei sie mir Angst machten), auch Menschen in meinem Alter sein konnten, die in denselben Kursen saßen wie ich.

Es war offensichtlich, dass ich einigen freikirchlichen Mitschülern ein Dorn im Auge war. Sie konnten mühelos Muslime, Buddhisten, Atheisten, alleinerziehende Mütter, LGBTQIA-Menschen und viele weitere Gruppen verurteilen, aber ihre Vorgängerreligion, deren Sprössling Jesus einst ihren Glauben begründet hatte, zu widerlegen, fiel ihnen argumentativ schwer. Deshalb luden sie mich immer wieder in ihre Gemeinden ein, wo mir ihre Prediger mit einem Lächeln auf den Lippen erklären sollten, warum das Judentum eine verachtenswerte Religion wäre oder Juden ganz ungewollt das Böse in die Welt tragen würden.

Auch wenn eine freikirchliche Mitschülerin mich nach einigen verbalen Auseinandersetzungen zu schneiden begann und andere mich schlicht ignorierten, gab es einige unter ihnen, die irgendwann begriffen, dass ich einen anderen Glauben hatte als sie, und das zumindest tolerierten. Eine von ihnen verließ sogar schließlich ihre evangelikale Splittergruppe, abgestoßen von den menschenverachtenden und hasserfüllten Lehren, und wurde mir eine gute Freundin. Ich will mir gar nicht ausmalen, wie ihr ehemaliger Prediger heute über den Juden spricht, der das ins Rollen gebracht hatte.

KATHOLISCH-JÜDISCHE DIASPORA

Zu Beginn der Oberstufe freundete ich mich außerdem mit Caro an. Sie war katholisch, was in meiner ansonsten protestantischen Heimatregion etwas Besonderes war. Sie kannte sich sehr gut mit ihrer Konfession aus, was sie von nahezu allen Mainstream-Lutheranern unterschied, die ich kannte. Zugleich war ihre religiöse Kultur aufgeklärt, was Caro radikal von den Freikirchlern unterschied. Sie war umfassend gebildet, las englische, russische und allen voran französische Klassiker, verstand sich auf fernöstliche Kulturen und hörte unbekannte Musiker, an deren Namen ich mich nur schwer erinnern konnte. Sie hatte ein ausgesprochenes Interesse an Medizin und wusste immer, dass sie Ärztin werden würde (was eingetreten ist). Mit ihr konnte ich nicht nur allerlei unterhaltsame Dinge unternehmen, sondern auch philosophieren: darüber, wie man es mit der Religion hält, über die Schwierigkeiten des Menschseins, über Diskriminierung, Toleranz, das gesellschaftliche Miteinander, über die Frage, was Identität eigentlich heißt, und welchen Bezug wir zu unserer Region haben. Dabei lernten wir viel voneinander, stärkten uns gegenseitig und prägten einander.

Wir sprachen oft über die Freikirchler mit ihren Tiraden gegen Andersgläubige und gegen Menschen mit anderen Lebensentwürfen und machten uns über ihre Bigotterie lustig. Es half uns, das Entsetzen darüber zu teilen, was der Hass dieser Gruppen bedeutete. Er traf uns – Caro als Katholikin und Tochter einer alleinerziehenden Mutter und mich als Juden – in Form von beleidigenden, anstößigen Aussagen. Doch wir lebten nicht unter ihnen. Sie hatten keine Macht über uns, waren keine Gefahr. Zudem wussten wir, dass wir unsere Heimat nach dem Abitur verlassen würden. Ade Freikirchler. In dieser Zeit erzählte ich Caro auch von meinen ersten Erfahrungen mit Antisemitismus von anderer Seite. Und hielt ihn damals fälschlicherweise für ein Phänomen der Großstadt.

EINE ERSTE ROTE AMPEL

Es war in Hamburg, dass ich mit Kippa auf dem Weg in die Synagoge mit einer Menge anderer Menschen zusammen über eine rote Ampel ging. Kaum machte ich ein paar Schritte, rief eine Frau hinter mir: »Ja, ja, der Jude darf bei Rot über die Ampel gehen!« Ich erschrak fürchterlich, fühlte mich von einer Erwachsenen gemaßregelt und auch schuldig. Ich war ein junger Teenager und noch nie in der

Öffentlichkeit bloßgestellt worden. Im ersten Moment war ich sogar vor lauter Schreck mitten auf der Straße stehengeblieben. Auf meinem weiteren Weg zur Synagoge wurde ich nachdenklich. Warum war es der Frau eigentlich egal gewesen, dass die ganzen anderen Menschen bei Rot über die Ampel gingen? Warum hatte sie »*darf* gehen« gesagt? Weil ein Jude sich etwas erlaubt hatte, *weil* er Jude ist? Das konnte diese Frau doch nicht im Ernst glauben!

Caro gegenüber versicherte ich, dass diese Frau ja sicher ein Einzelfall gewesen sei. Und tat dies auch, als ich ihr davon berichtete, wie ich mit einer Gruppe jüdischer Jugendlicher – ich war mit Abstand der Jüngste – nach einer Gemeindeveranstaltung einmal Eis essen gehen wollte. Wir saßen im Außenbereich eines Cafés, zwei Jugendliche trugen eine Kippa, und wir warteten und warteten, während alle um uns herum bedient wurden. Als ich irgendwann ins Café an den Tresen trat und nachfragte, ob wir bestellen dürften, erhielt ich ein schroffes »Nein« vom Kellner. Man würde uns Juden hier nicht bedienen. Ich war geschockt und fragte, ob das sein Ernst sei. Er blickte mich daraufhin vernichtend an und ging ohne ein weiteres Wort an mir vorbei. Als ich wieder nach draußen ging, waren die anderen bereits im Aufbruch begriffen. Sie hatten keine Lust mehr zu warten. Was der Kellner zu mir gesagt hatte, war *der* Aufreger unseres anschließenden Spaziergangs, aber wirklich überrascht schien niemand von den älteren Jugendlichen über den Vorfall zu sein.

Selbst nachdem zwei Männer, die mit ihren Glatzen und Springerstiefeln unzweideutig als Neonazis zu erkennen waren, mich am Bahnhofsgleis auf meinen Davidstern-Anhänger ansprachen und mehrdeutige antisemitische Anspielungen machten, während ich meinen Zug herbeisehnte, erzählte ich Caro noch davon, dass ich mir ja aber nicht ganz sicher sein könne, ob das wirklich Neonazis gewesen wären und ob ich ihre Sprüche wirklich richtig verstanden hätte. Ich weiß noch, wie ungläubig sie mich daraufhin angesehen hatte. Ich brauchte noch etwas mehr Zeit, um mir einzugestehen, dass es hier und heute, egal wie absurd ich die Beweggründe von Antisemiten auch finden mochte, eine Gefahr war, jüdisch zu sein.

EINE KIPPA, UM DAS EIS ZU BRECHEN

Im Laufe der Oberstufenzeit begann ich, vor Schülerinnen und Schülern aller Altersklassen über das Judentum zu sprechen. Es hatte in meinen eigenen Kursen häufig Gelegenheiten für Fragen gegeben, woraufhin eine meiner Lehrerinnen anregte, dass ich auch in anderen Jahrgängen über meine Religion und Kultur sprechen könnte, wenn ich Freude daran hätte. Und die hatte ich. Nach dem zehnten Vortrag an meiner eigenen Schule erreichten mich über Lehrer und Eltern auch Anfragen aus anderen Schulen. Zuerst nur von Gymnasien, dann von Real-, Haupt- und Grundschulen. Ein Kindergarten fragte an, ein Kulturverein, eine Volkshochschule, schließlich die ersten Kirchen und Seniorenverbände.

Zu dieser Zeit trug ich meine Kippa bereits im Alltag, außerhalb der Schule. Ich lernte bei den Vorträgen früh, dass die Jüngsten unten den Zuhörern meist die erstaunlichsten Fragen stellten. Manche waren damals wie heute kaum zu beantworten und ließen mich selbst nachdenklich zurück: »Wenn du im Zweiten Weltkrieg gelebt hättest, hättest du dann alles für immer aufgegeben, um zu fliehen?«,

»Glaubst du, du hättest den Krieg überlebt?«, »Würden wir Juden hassen, wenn wir damals gelebt hätten?«, »Was passiert, wenn wir den Krieg vergessen? Passiert dann irgendwann alles noch einmal?«, »Woher kommt das Gefühl, dass du trotz früher und der Leute, die Juden, wie du einer bist, etwas antun, gute Laune hast?«.

Ich besuche Schulen und andere Institutionen mittlerweile seit über fünfzehn Jahren und immer wieder wird mir von Neuem bewusst, warum ich das tue: Es sind die Fragen, die wichtiger sind als meine Antworten. Fragen, die uns gemeinsam weiterbringen, können aber nur durch Begegnungen entstehen. Sobald ich auf Menschen treffe und ihnen von jüdischer Tradition und Kultur oder meinem eigenen Leben erzähle, setzen sie sich mit Juden und Judentum, mit Antisemitismus, mit der Shoah auseinander. Sie stellen nicht nur mir, sondern auch sich Fragen. Und sie fühlen mit. Fast immer wird ihnen dabei bewusst, dass sie zum ersten Mal einem Juden begegnen.

Ab dem Ende meiner Schulzeit trug ich immer und überall meine Kippa. Ich fühlte mich gut mit ihr, behütet. Sie ist ein wunderschönes Symbol, zeugt von Geborgenheit und Zugehörigkeit. Ich kam mir ohne Kippa nicht mehr ganz angezogen vor, und ich trug sie einfach gern. Warum sollte ich mich also einschränken, wenn nichts an ihr falsch war, fragte ich mich. Warum sollte ich nicht so in die Öffentlichkeit gehen, wie ich mich wohlfühlte, wenn nichts daran anstößig war?

Kurz vor meinem Abiturball hielt ich meinen fünfzigsten Vortrag innerhalb von knapp zwei Jahren. Manches Mal sprach ich in Schulen vor ganzen Stufen, oft vor mehreren Klassen hintereinander. Ab und zu in kleinen ehemaligen Synagogen, oftmals in Mehrzwecksälen vor größeren Gruppen oder in Rathauszimmern. Manchmal wünschten sich Schulen ganz bestimmte Themen, aber meist sprach ich von jüdischen Traditionen und meinem Alltag. Meist begann ich damit, vom Gemeindeleben zu erzählen, damit die Zuhörer mein eigenes jüdisches Leben ein wenig kennenlernen konnten.

In einem der Bücher aus der Bibliothek meines Onkels war ich einmal auf ein Zitat des Bürgerrechtlers Harvey Milk gestoßen, das mich nicht mehr losließ: »Wenn sie uns kennenlernen, können sie uns nicht hassen. Und wenn ein Gespräch miteinander beginnt, zerfallen alle Vorurteile.« Wenn ich als Jude sichtbar bin und Gespräche führe, trage ich die Hoffnung in mir, allen anderen Jüdinnen und Juden das Leben auch etwas leichter zu machen und das Miteinander zu fördern. Und so war die Entscheidung zum Ende meiner Schulzeit eine logische Konsequenz: nicht mehr ohne meine Kippa.

2

NACHBARS JUDE ODER: WIE ICH DIE ANONYMITÄT DER GROSSSTADT SUCHTE UND NICHT FAND

Meine Oma ließ mir von einem jüdischen Silberschmied einen Ring anfertigen, als ich von zu Hause auszog, um mein Studium zu beginnen. Seit dem Tag, an dem sie ihn mir schenkte, habe ich ihn nie wieder abgelegt. In den Ring ist der letzte Vers meines liebsten Gebets Adon Olam (dt. Herr der Welt) eingraviert: »Der Ewige ist mit mir, darum fürchte ich mich nicht.« Meine Oma hat mir diesen Silberring zusammen mit einer kleinen Dose Pfefferspray übergeben und diese Kombination in ihrer pragmatischen Art augenzwinkernd begründet: »Nu, eines von beiden wird dich schon beschützen!« Und damit sollte sie Recht behalten.

VIER WÄNDE UND EIN TÜRPFOSTENFALL

Ein Rabbiner fragte einmal eine Gruppe jüdischer Heranwachsender, unter denen ich mich befand, in der Synagoge, ob sie mit dem Finger dorthin deuten könnten, wo Israel, unsere geistige Heimstätte, sei. Einige zeigten wild wechselnd in allerlei Himmelsrichtungen. Ich war spitzfindig und zeigte in die Richtung des Torahschreins, wissend, dass er stets an der Ostseite der Synagoge steht, damit der G'ttesdienst und die Gebete gen Osten, gen Israel, Jerusalem, Zion verrichtet werden. Mein Rabbiner schmunzelte und sagte: »Ja, dort ist auch Israel. Aber unsere Heimat ist viel näher.« Er zeichnete mit dem Zeigefinger langsam einen Halbkreis in die Luft, um dann mit der ganzen Hand und leicht gespreizten Fingern auf den Boden zu zeigen, auf dem wir saßen. »Israel ist auch hier«, sagte er, »der Boden einer jeden Synagoge ist auch der Boden Israels. Der Boden unserer Heimat. Ihr sitzt darauf.«

Orthodoxe Juden spannen an Orten mit großer und auf bestimmte Viertel begrenzter jüdischer Bevölkerung wie Manchester, Montreal oder Brooklyn aus Fäden, Drähten und allerlei anderem an hohen Masten einen sogenannten Eruv. Der Eruv ist eine Art Zaun, der – symbolisch und physisch zugleich – ein Gebiet markiert, das zu einem einzigen Haus oder vielmehr einem Zuhause erklärt wird. Hier können fromme Juden am Schabbat tragen, was andernfalls in der Öffentlichkeit verboten wäre. Aus einem Viertel einzelner Häuser wird mit ein wenig Schnur und einem transformativen Segensspruch also ein Zuhause für alle geschaffen.

Aber keines dieser Häuser wäre für sich genommen ein jüdisches Zuhause, würden sie an ihren Türpfosten keine Mesusot tragen. Die Pflicht der Mesusa ist wesentlich älter als jene des Eruvs. Sie findet schon in der Torah Erwähnung und auf diesem Wege sogar im Schma Jisrael, dem jüdischen Glaubensbekenntnis. Bringt man eine Mesusa an, ist das in etwa der gegenläufige Akt zum Errichten einer Laubhütte an Sukkot, von der jeder weiß, dass sie – fragil und vergänglich, wie sie ist – nur eine Woche und einen Tag besteht. Eine Mesusa aber wird fest am Türrahmen angebracht. Sie ist zum Bleiben und Bestehen gedacht.

Vor einigen Jahren war ich im tschechischen Mähren unterwegs, wo man in wenigen Orten mit ehemals größerer jüdischer Bevölkerung noch heute, Jahrzehnte, nachdem alles Jüdische vernichtet worden war, die Einlassungen für Mesusot an Haustürpfosten sehen kann, die mährische Juden ihrem Brauch nach extra einmeißelten, einhauten oder einkerbten – je nach Material des Türrahmens. Für ein derartig beständiges Heim war die Mesusa am Eingang gedacht, weswegen der Rahmen dafür irreversibel verändert wurde. Diese Einlassungen sind heute das Einzige, was an diesen Orten noch an jüdisches Leben erinnert.

Einmal getroffene Definitionen sind wirkmächtig. Ich erkläre den Grund, auf dem eine Synagoge steht, als Teil von Israel. Ich erkläre alles innerhalb eines Eruvs zu einem einzigen Zuhause. Und ich erkläre mit durch Mesusot markierte Türpfosten, dass eine Zusammenstellung an Wänden und Decken zu einem jüdischen Heim und zu einem Zuhause werden.

Beim Anbringen meiner ersten Mesusa fühlte ich mich tatsächlich schlagartig zu Hause. Es war meine erste eigene Wohnung zu Beginn meines Studiums in Düsseldorf. Ich realisierte in diesem Moment, dass ich hier ein richtiges Zuhause haben würde.

Bei der fünften und letzten Mesusa fielen mir die Worte eines älteren Jerusalemer Herrn ein, der als Sofer neben den Pergamenten für Mesusot und Tfillin auch Torarollen angefertigt hatte: »Wenn wir die Mesusa mit dem Türpfosten verbinden, verbinden wir uns selbst mit unserer Wohnung und lassen sie so zu einem Zuhause werden.« Ich weiß noch, wie ich damals erwidert hatte: »Oh, ich dachte, Sie würden sagen, dass wir damit dann eine Verbindung zu G'tt schaffen würden.« Daraufhin hatte der alte Sofer kurz innegehalten und auf die gerade an mich verkauften Pergamente gedeutet: »Sicherlich. Aber darauf gibt es keine Garantie.«

Die erste Mesusa hatte ich außen an der Wohnungstür angebracht, nicht ahnend, dass ich mich damit nicht nur spirituell mit meiner Wohnung verbinden würde, sondern auch haptisch mit meinen Vermietern, die auf derselben Etage wohnten. Nachdem ich sie angebracht hatte, setzte ich mich im Schneidersitz neben das Schuhregal in meinen kleinen Flur und lehnte mich an die Wohnungstür, während ich meine Schuhe putzte.

Ich polierte noch immer mein erstes Paar, als ich hörte, wie meine Vermieter, rheinländisch und bereits im Ruhestand, schwer bepackt die Treppen hinaufkamen. Das Knistern ihrer Einkaufstüten und das Hin- und Herrucken von Glasflaschen in einer Getränkekiste konnte ich ausmachen. Ich hörte, wie sie ihre Einkäufe absetzten, um die Wohnungstür aufzuschließen, und dabei entdeckten sie offensichtlich eine sonderbare weiße Kapsel an der Tür ihres neuen jungen Mieters. Es war etwas, das sie noch nie zuvor gesehen hatten. Fest angebracht am Türpfosten. Ein Vermieteralbtraum. Das große Flüstern begann.

Sie: »Herbert! Herbert, schau mal! Herbert, was ist denn das hier?«

Er: »Was!? Ich hab keine Ahnung.«

Sie: »Hast du sowas schon mal gesehen?«

Er: »Marita, wo soll ich denn sowas schon mal gesehen haben?«

Sie: »Was kann denn das sein?«

Er: »Ich weiß es nicht.«

Sie: »Herbert, glaubst du, das ist … eine Botschaft?«

Ich kann nicht beschreiben, wie groß meine Augen bei dieser Frage wurden. Ich saß direkt auf der anderen Seite der Wohnungstür, in der linken Hand ein Schuh, in der rechten eine Bürste. Ich wusste nicht, was ich tun sollte. Weil die beiden flüsterten und ganz aufgeregt schienen, machte ich keinen Mucks, atmete nur ganz leise durch die Nase. Ich war neunzehn Jahre alt, wohnte zum ersten Mal allein in einer fremden Stadt, und meine Vermieter, die noch Zweifel geäußert hatten, ob sie einen jungen Studenten wie mich tatsächlich als Mieter akzeptieren sollten, standen nun vor meiner Tür und fanden unmittelbar nach meinem Einzug einen Stein des Anstoßes. Ich rührte mich nicht.

Er: »Vielleicht ist es eine Botschaft.«

Sie: »An uns? Herbert, sollen wir reinschauen?«

Er: »Das Dingens hat unten auch eine Öffnung. Mal gucken.«

Stille. Ich legte mein Ohr an die Tür. Für einige Sekunden war nichts zu hören, dann plötzlich:

Sie: »Herbert, was machst du denn!?«

Er: »Na, ich mach es lose!«

Sie: »Pass auf, mach es nicht kaputt!«

Er: »Du meine Güte, wie hat er denn das fest gemacht!? Das geht ja gar nicht ab hier!«

Sie: »Herbert, Achtung!«

Er: »Gleich hab ich es!«

Sie: »Achtung!«

Sie schrie auf. Die metallene Mesusa flog wie ein Geschoss durchs Treppenhaus, prallte gegen etwas und knallte dann auf die Fliesen. Ich erschrak geräuschlos. Meine Mesusa! Wo war ich hier nur gelandet? Was hatten meine Vermieter getan?

Sie: »Herbert! Komm, komm! Pack die Sachen in die Wohnung! Schnell!«

Er: »Was ist denn los!?«

Sie: »Meine Güte, das geht nicht! Nimm das Ding!«

Ich stand langsam auf und schaute durch den Türspion. Meine Vermieter trugen die Einkäufe in ihre Wohnung. Dann holte mein Vermieter die Mesusa und gab sie seiner Frau, die sich die Hand vor den Mund hielt und betroffen auf sie blickte. Ihr schien nun zu dämmern, dass dieses Objekt eine religiöse Bedeutung haben könnte. Jetzt wusste ich, was zu tun war. Ich hustete hörbar. Die Vermieterin schaute sofort erschreckt zu meiner Tür, dann zu ihrem Mann. Sie scheuchte ihn in die Wohnung und schloss die Tür.

Kurz darauf kamen beide aus ihrer Wohnung, machten drei Schritte rüber zu meiner Wohnung und klingelten. Albernerweise stampfte ich ein paar Mal laut auf, so als wäre ich erst zur Tür gegangen. Vorhang auf.

Er: »Hallo Herr Ufferfilge. Haben Sie schon alles ausgepackt?«

Ich: »Hallo! Ja, fast alles.«

Er: »Schön, schön ... Ähm, Herr Ufferfilge ...«

Sie: »Herr Ufferfilge, wir sind eben vom Einkaufen zurückgekommen, und da haben wir hier auf dem Boden etwas liegen sehen.«

Sie öffnete ihre Hand. Und die Mesusa kam zum Vorschein.

Sie: »Das ist so eine ... Hülse. Vielleicht eine Botschaft an Sie?«

Ich: »Eine Botschaft?«

Er: »Ach was! Die gehört bestimmt Ihnen, oder?«

Ich: »Ja, die gehört mir. Und die haben Sie auf dem Boden gefunden?«

Sie: »Ja, und da haben wir sie aufgehoben. Man weiß ja nie, wofür das ist und wer sowas gebrauchen könnte und dann einfach mitnimmt.«

Ich musste mir das Lachen verkneifen.

Ich: »Warum sollte das jemand einfach mitnehmen?«

Sie: »Man weiß ja nie ... – Und was ist das?«

Ich: »Das ist eine Mesusa. Während Sie über Ihrem Türpfosten eine christliche Segensbitte aus Kreidebuchstaben und -zahlen haben, haben wir Juden an der Seite vom Türpfosten eine solche Kapsel mit einem Pergament darin, auf dem eine Bibelstelle steht.«

Die schlimmste Befürchtung zeichnete sich im Gesicht meiner Vermieterin ab. Sie war geschockt. Sie hatten mit Gewalt ein religiöses Symbol heruntergerissen. Mein Vermieter schaute hilflos.

Ich: »Ich hoffe, es war in Ordnung, dass ich sie am Pfosten angebracht hatte. Ich hätte vorher um Erlaubnis fragen sollen. Entschuldigen Sie bitte. Sie ist auch bloß angeklebt. Der Kleber hält zwar sehr gut, aber mit einiger Kraft bekommt man die Mesusa wieder los, ohne dass sie den Türpfosten beschädigt.«

Stille. Die beiden schauten sich an.

Er: »Das ist natürlich überhaupt kein Problem. Können Sie gerne hier anbringen. Das ist ... so ein Segen ist eine gute Sache. Finde ich gut, dass ein junger Mensch sowas fortführt.«

Sie: »Wir hatten ja keine Ahnung, was das ist. Wir haben sowas noch nie gesehen. Das erklären Sie vielleicht besser den Leuten über Ihnen, damit die sich nicht wundern, wenn sie daran vorbeikommen. Ich hab da zuerst an was ganz anderes gedacht. Und dann noch dieses Zeichen darauf. Was hat das zu bedeuten?«

Ich: »Das ist der hebräische Buchstabe Schin. Er ist hier die Abkürzung für das hebräische Wort für Allmächtiger.«

Sie: »Der Allmächtige. Ich verstehe. Das sollte aber wirklich nicht auf dem Boden landen, nicht wahr, Herbert?«

Er: »Auf keinen Fall. Jetzt entschuldigen Sie aber bitte die Störung.«

Sie haben mich danach nie wieder gestört und sind mir sehr gute Vermieter und Nachbarn geworden. Ein freundliches, grundanständiges Ehepaar, das mir – ohne jede Übertreibung – ein paar Jahre später sogar im Zuge eines medizinischen Notfalls das Leben rettete. Dieser Vorfall trug also keinerlei böse Intention in sich. Lediglich, sagen wir, rheinische Neugierde.

BÄPPI, DAT (RHEINISCH), SUBSTANTIV, N

Ich hatte stets ausgesprochenes Glück mit meinen Nachbarn, ob in Düsseldorf, Münster, München oder Berlin. In derselben Düsseldorfer Wohnung lebten ein hoch betagter Herr, der mich wegen meiner ihn an den britischen Adel erinnernden Kleidung – es muss vor allem an meinen Hüten und Stockschirmen gelegen haben – stets »Sir« nannte, wenn wir uns begegneten. Er sprach stets frei heraus und tanzte bereits bei unserer ersten Begegnung nicht um den Elefanten im Raum, meiner Kippa und ihren Implikationen, herum. »Dat Bäppi« auf meinem Kopf nahm er hin und wieder zum Anlass, mir von jüdischen Kürschnern im Düsseldorf der Nachkriegsjahre zu erzählen, die ihn sehr geprägt und deren Überleben und Weiterleben ihn sehr beeindruckt hatten. Ich glaube, er hatte auch ein gewisses Faible für die Kippa als Kleidungsstück. Er kokettierte immer wieder damit, wie gut sie ihm selbst stehen würde. Ich hatte ihm mehr als einmal angeboten, eine Kippa aufzuprobieren, doch hatte er zwischen all den Späßen und flotten Sprüchen, die er mir bei jeder Begegnung mitgab, großen Respekt vor diesem Symbol. »Nee, lass mal, Sir. Über dat Bäppi mach ich keine Spökes.« Jenem Nachbarn fiel durchaus auf, dass es einige Menschen in der Straße und an der nahe gelegenen Straßenbahnhaltestelle gab, die verächtlich auf mich mit meiner Kippa blickten oder auch Verächtliches von sich gaben. Darüber konnte er sich richtig in Rage reden.

An einem Sonntag hatte ich das Japanfest in der Düsseldorfer Altstadt besucht. Dabei hatte mich zwischen all den japanischen Ständen und Darbietungen ein Paar mittleren Alters ins Visier genommen und folgte mir, als ich mich auf den Heimweg machte, die Rheinpromenade entlang durch einige Altstadtgassen zur Straßenbahnhaltestelle. Das Paar stand dort etwa zehn Meter von mir und sah mich immer wieder verstohlen an. Ich hatte die beiden bereits auf der Promenade bemerkt, nahm jedoch an, sie hätten sich einfach zur selben Zeit wie ich auf den Heimweg gemacht. Als ich in die Tram stieg, taten sie es mir gleich. Die populären Stationen wurden angefahren, mehr Menschen stiegen aus als ein, und wir näherten uns allmählich Flehe, meinem sehr ruhigen Viertel. Das Paar saß schließlich allein mit mir in der Tram. Als ich ausstieg, stiegen sie auch aus. Auf der Bank an der Haltestelle saß mein älterer Nachbar, der mich direkt mit einem koketten »Sir« ansprach und fragte, ob ich einen schönen Sonntag gehabt hätte. Er würde hier auf seine trödelnde Tochter warten. Bevor ich das Gespräch aufnehmen konnte, mischte sich das Paar ein. Es erklärte, zum ersten Mal im Rheinland zu sein. Mit einer Gruppe seien sie unterwegs, Köln hätten sie bereits besucht und sie würden so viel Neues sehen. Und jetzt auch noch einen echten Juden! Ob sie mich fotografieren dürften, wollten sie wissen. Ich war perplex und fragte, ob sie mir deswegen allen Ernstes eine knappe Stunde durch die Stadt gefolgt wären. Doch bevor sie sich hätten rechtfertigen können, ging mein Nachbar mit einem entsetzten »Wat!?« dazwischen. Ich kann den Rest leider nur noch auf Hochdeutsch wiedergeben:

»Nee, wird nichts! Ich glaub, ihr spinnt! Nach dem Bäppi kräht doch kein Hahn nach! Und davon wollt ihr ein Foto machen? Ihr lasst den Jungen in Ruh! Der ist doch einfach ein Junge und kein Reh auf eurer Pirsch. Jetzt könnt ihr 'nen Foto von meinem Finger hier machen und abzischen.«

Ich denke, es bedarf keiner Erläuterung, welchen Finger er angeboten hat.

DER REGENSCHIRM, DEIN FREUND UND HELFER

Doch leider kommt mir nicht immer jemand zur Hilfe. Meist muss ich diese Situationen ganz allein lösen. Ich musste früh nach meinem Umzug lernen, dass in jedem Stadtteil, auf jedem Weg, an jedem Ort Hass auf mich warten konnte. Als eine muslimische Frau aus der Nachbarschaft einmal in der Straßenbahn ihre beiden kleinen Kinder ruppig von den freien Plätzen des Viererplatzes, wo ich saß, wegzog und sie anschrie, sie sollten sich nicht zu einem Juden setzen, ließ mich das eine Woche lang nicht los. Ihr Entsetzen, ihre Wut, mit der sie so drastisch ihre Kinder wegzog, als hätten sie sich zu einer giftigen Schlange gesetzt. Dazu die Lautstärke und Melodramatik der Ausgrenzung in der Öffentlichkeit. Die anderen Menschen in der Straßenbahn hatten mich angeschaut, als hätte ich den Kindern etwas angetan. Was musste diese Person getan haben, dass eine Mutter so aufgebracht ihre Kinder aus ihrer bloßen Nähe reißt.

Irgendwann gewöhnt man sich daran, dass manche Menschen einen meiden, aktiv ignorieren oder aber einen in Bussen und Bahnen im Vorbeigehen böse anstarren oder sich vor einem aufbäumen, damit man sich unwohl fühlt oder sogar Angst bekommt. So tat es beispielsweise ein griechischer Nachbar, der immer wieder betonte, dass er Grieche sei und die Deutschen keinen guten, weil nicht vollständigen Job mit der Vernichtung der Juden gemacht hätten. Er würde ja zum Glück wissen, wo ich in der Straße wohnte. Vielleicht würde er also einmal vorbeischauen, um den Job zu Ende zu bringen. Dieser Mann war in der Nachbarschaft schon häufiger auffällig geworden, und es war offensichtlich, dass er nicht gesund war. Doch als er diese Drohung aussprach, hatte ich es sehr mit der Angst zu tun bekommen.

Die ersten Male, als sich besonders schlimme Dinge in der neuen Stadt ereigneten, ging ich zur Polizei. 2008 war anders als 2020. In Bezug auf den griechischen Mann sagte mir ein Polizist, man kenne diesen Mann bereits gut. Er würde bloß viel Unsinn reden, aber niemandem etwas tun. Ein Jahr später schlug mir dieser Mann vor dem Eingang eines großen Supermarkts mit der Faust in den Magen.

Ein anderer Vorfall ereignete sich nach einem Kinobesuch. Ich musste für meinen Nachhauseweg in dieselbe Richtung wie eine Freundin von mir. Wir waren mit mehreren Freunden in einem unterhaltsamen Film gewesen und hatten uns danach noch eine Weile unterhalten und gemeinsam gescherzt. Es war ein richtig schöner Abend gewesen. Doch auf dem Heimweg waren arabische Jugendliche, die auch aus dem Kino gekommen waren, auf meine Kippa aufmerksam geworden und begannen, uns zu folgen. Sie riefen immer wieder antisemitische Beleidigungen, was einschüchternd und unheimlich genug gewesen wäre. Aber dann kamen sie zu allem Überfluss auf die Idee, aus Mülleimern Glasflaschen zu ziehen und sie nach uns zu werfen. Wir mussten uns in eine für uns extra haltende Straßenbahn retten, deren Fahrerin die Gefahr erkannt hatte. Das war im Jahr 2010. Und der Polizist, dem ich von dem Vorfall berichtete, sagte, dass die Beleidigungen womöglich gar nicht antisemitisch gemeint gewesen seien, sondern nur ganz allgemein »Jude« als Schimpfwort beinhalteten. Und er fragte mich, ob wir denn etwas gemacht hätten, das den »Jungs« Anlass gegeben hätte, uns mit Glas zu bewerfen. Das käme ihm doch seltsam vor, dass sie das einfach so machen würden. Dass sie es schlicht aus Judenhass machten, ließ der Polizist damals nicht gelten.

Als mich dann ein knappes Jahr später zwei Männer auf der Treppe des meiner Wohnung nächstgelegenen S-Bahnhofs beleidigten, bedrängten und der eine mich am Arm packte, holte ich mit meinem englischen Regenschirm, der mir den Spitznamen »Sir« eingebracht hatte, aus und schlug, so fest ich nur konnte, gegen das Gesicht des Mannes, um weglaufen zu können. Der eine Mann hielt sich das Gesicht, der andere stand nur da. Ich bin mir ziemlich sicher, dass ich Blut gesehen habe. Erst zu Hause bemerkte ich, dass der hölzerne Griff des Regenschirms zerbrochen war. Ich muss gestehen, dass ich wegen dieses Verlusts sogar vor Wut oder Trauer weinen musste. Aber das alles erzählte ich schon keinem Polizist mehr. Was hätte man mir auch erwidert? Mir geraten, nicht in der Stadt unterwegs zu sein, wie es einst ein Polizist tat? Am besten nur noch Taxi fahren und darauf achten, »deutsche« Taxifahrer auszusuchen, wie es mir einmal ein Kölner Polizist erklärte. Ob ich denn die beiden Männer provoziert hätte? Ob sie es wirklich wegen meiner Kippa auf mich abgesehen hätten? Warum ich denn nicht einfach das »Ding« – die Kippa ist gemeint – zu Hause lassen könne?

Es dauerte einige Jahre, bis die Polizei wie auch viele andere Institutionen Antisemitismus als reale Gefahr begreifen sollten, so es denn die meisten ihrer Vertreter heute hoffentlich tun. Als mir mein Nachbar aus dem Haus einen Tag nach dem Vorfall, der mich meinen Regenschirm aus meiner Zeit in England gekostet hatte, begegnete, fragte er verdutzt, wo denn mein »Schirmschn« sei. Schließlich würde ich den doch sogar im Sommer mit mir herumschleppen. »Ist mir kaputt gegangen«, sagte ich mit einem Kloß im Hals. Ich presste die Lippen zusammen, weil ich fürchtete, weinen zu müssen. Mein Nachbar wurde sehr nachdenklich und sagte, er würde seine Tochter beauftragen, ein bisschen nach mir zu schauen. Und so bestand sie fortan darauf, mich in ihrem Auto mitzunehmen, jedes Mal, wenn sie an mir auf dem Nachhauseweg vorbeifuhr.

VOM ISRAELIT ZUM EREMIT

Das Ausmaß an Hass und Abscheu, das mir in Momenten oder über Minuten in meinem Stadtteil begegnete, war für mich neu und erschütternd. Ich nahm mir diese Anfeindungen zu Herzen, und dachte, es läge in meiner Hand, mit einem besonders freundlichen Lächeln diesen Menschen sofort zu signalisieren, dass sie mir gar nichts Böses wollen müssen. Zugleich begann ich, mich mehr und mehr ins Schreiben zurückzuziehen. Ich schrieb vor allem für mich selbst, verfasste aber auch Artikel für einige Zeitungen. So lernte ich die Abgründe des Internets hautnah kennen. Nur wenige Stunden nach Veröffentlichung einer meiner ersten Artikel, erhielt ich meine erste Fanmail:

Sehr geehrter Herr »André« Levi ISRAEL »Ufferfilge«,

Zunächst möchte ich Ihnen meinen Respekt aussprechen für Ihren Mut, Ihren wahren jüdischen Namen im Facebook (eine jüdische Erfindung) mitanzugeben. Ich habe diesen bei Google (auch eine jüdische Erfindung!) eingegeben und einige äußerst deutschlandkritische Artikel unter Ihrer Verfasserschaft gefunden, die ich (belinde gesagt) ziemlich bedenklich finde, wenn man betrachtet, dass Sie ein Außenstehender sind. Bitte kümmern Sie sich in Zukunft lieber um Ihre eigenen nationalen Angelegenheiten (Finanzkrise und Goldman Sachs, Siedlungen!). Ich lese auch in Zukunft mit!

Mit freundlichen Grüßen,
HansL, am 14.12.11

Ich musste ziemlich schlucken. Noch nie war jemand auf die Idee gekommen, mir abzusprechen, mir öffentlich Gedanken über mein eigenes Land machen zu dürfen. Ich war ziemlich verunsichert; noch dazu, weil der Mann meinen Namen und meine E-Mail-Adresse ausfindig gemacht hatte.

Meine Antwort sollte indes nichts von meiner Unsicherheit, meiner Gekränktheit und meinem, ja, Schock offenbaren. Nichts davon durfte er spüren, er hatte nichts mehr verdient als das:

Lieber Herr Landser,

zunächst möchte ich mich für Ihre Mühe bedanken, mich zu googeln. Über Aufmerksamkeit freue ich mich immer sehr. Ich darf Sie höflich darauf hinweisen, dass ich mitnichten meinen »wahren jüdischen Namen« in Gänze auf Facebook angegeben habe. Dieser schreibt sich im Übrigen bei Vor- und Nachname ohne Führerzeichen (auch wenn es Ihnen schwerfallen mag, darauf zu verzichten). Dass Ihnen meine Artikel in der Welt missfallen haben, sei Ihnen geschenkt. Ihre Kritik jedoch, ich dürfe mich nicht in deutsches Geschehen einmischen, finde ich hingegen belindert. Ob Sie wiederum ein Rechtsaußenstehender sind, mag ich nicht beurteilen. Anstatt dessen gönne ich mir lieber ein Pils (eine deutsche Erfindung!) und kümmere mich weiterhin um meine Angelegenheiten. Sie sollten es mir gleichtun! Viel Freude beim zukünftigen Lesen!

Ihnen unverbunden,
André Levi Israel Friedrich Wilfried Karl Karl Ufferfilge,
am 14.12.11

Da war sie, meine erste schlagfertige Antwort auf Antisemitismus. Aus dem Schrecken war eine sarkastische, angstfreie Antwort geworden. Ich musste mich nicht wie beim Antisemitismus auf der Straße auf einen spontanen Einfall verlassen, der mir meist erst nach den Vorfällen in den Sinn kam. Ich hatte mir für meine Entgegnung Zeit nehmen können, und ich machte sie öffentlich. Ich konnte nicht allein mit dieser Nachricht sitzen gelassen werden. Die hässliche Fratze des Judenhasses sollten auch andere Menschen lesen und sehen, dass sich ein Jude dagegen direkt zur Wehr setzt und diesen Hass spielend abschmettert.

MEIN NAME IST GOLDSTEIN, DR. GOLDSTEIN

Mit den Jahren habe ich mehr und mehr Übung darin bekommen, die zugespielten Bälle aus Hass oder bloß auch Klischees locker zu parieren. Noch immer versuche ich außerdem, durch ein Gespräch mein Gegenüber zum Umdenken zu bewegen, aber ich habe ein Gespür dafür entwickelt, wann es zwecklos ist. Das musste ich etwa bei einem Nachbarn einsehen, der an jedes, oft gar nicht einmal böse gemeintes antisemitisches Klischee glaubte und womöglich erst durch dieses Buch erfährt, dass ich gar nicht Dr. Goldstein heiße. Wie wir uns kennenlernten?

Ich trete aus der Haustür.
Nachbar, mit dem ich noch nie ein Wort gewechselt habe: »Sie sind doch der Jude unserer Straße, nicht?«
Ich: »Ähm, also ich wohne hier, ja.«
Nachbar: »Sind Sie so ein jüdischer Anwalt?«
Ich: »Jüdischer Anwalt?«
Nachbar: »Ja. Sie sehen aus wie ein Anwalt und sind doch jüdischer Abstammung. Also sind Sie Anwalt?«
Ich: »Brauchen Sie einen?«
Nachbar: »Nein, nein. Aber sind Sie einer?«
Ich schweige kurz, dann: »Hm. Ja, bin ich. Genau. Ich bin

Anwalt. So ein jüdischer. Dr. Goldstein mein Name. Ich würde Ihnen ja meine Karte geben, aber ich hab keine in diesem Jackett.«

Nachbar: »Wusste ich es doch! Und wofür sind Sie Anwalt?«

Ich: »Für ... Menschen?«

Nachbar: »Nein, welcher Fachbereich?«

Ich: »Yachten.«

Nachbar: »Jagden?«

Ich: »Nein, Yachten. Haben Sie auch eine?«

Nachbar: »Nein. Und das ist ein richtiger Fachbereich?«

Ich: »Das steht zumindest so auf meiner Visitenkarte.«

Nachbar: »Ich verstehe. Nun ... dann noch einen schönen Sonntag.«

Ich: »Und Ihnen erst!«

TREFFEN SICH EIN JUDE, EIN POSTBOTE UND EIN KIND IN DER NACHBARSCHAFT

Der Postbote ist zwar kein richtiger Nachbar, aber auch nicht aus der Nachbarschaft wegzudenken. In Münster kannte er mich noch vor der ersten Zustellung.

Einige Straßen von meiner Wohnung entfernt.

Postbote: »Hallo du, kann es sein, dass ich ein Paket für dich habe?«

Ich deute auf das Haus, vor dem er steht, und erwidere: »Nee, tut mir leid. Ich wohne hier nicht. Auch nicht um die Ecke.«

»Das weiß ich«, sagt er.

Ich stutze: »Das wissen Sie?«

»Ja«, meint er und hält mir ein Paket hin. »Das bist du doch, oder?«

Auf dem Paket steht tatsächlich mein Name. Ich bin verblüfft, schaue den Postboten verwirrt an, blicke dann wieder auf den Namen auf dem Paket und versuche dann, im Gesicht des verschmitzt lächelnden Postboten zu lesen, ob ich ihn jemals gesehen habe. Nein, er kommt mir nicht bekannt vor.

»Entschuldigung, kennen wir uns?«, höre ich mich fragen.

»Nein«, entgegnet er, »aber wer sieht hier schon nach Levi Israel aus?«, und zwinkert meiner Kippa zu. Sie rollt mit den Augen.

»Ah, ich verstehe«, sage ich und für einen Moment kommt mir der Gedanke, dass jemand ohne Kippa doch auch so heißen könnte, während ich einen ganz anderen Namen hätte haben können. Aber dann denke ich: Richtig getippt hat er trotzdem. Und yeah, so lang dieser Postbote hier arbeitet, drückt er mir vielleicht jedes Paket beim Vorbeifahren in die Hand. Nie wieder Pakete abholen müssen!

»In Gedanken?«, fragt er. »Ich hoffe, ich hab nichts Falsches gesagt.«

»Nee, nee, ich habe nur gerade davon geträumt, nie wieder Pakete abholen zu müssen.«

Er lacht. »Lässt sich vielleicht einrichten. Ich bin ja nicht der Einzige, der dich von den Kollegen kennt.«

Im interkulturellen Miteinander sind Kinder die besten Nachbarn. Sie verbinden nichts mit einer Kippa. Sie können noch niemanden hassen. Kinder fielen mir immer wieder in der Nachbarschaft auf. Sie trauen sich, Dinge beim Namen zu nennen oder überhaupt erst einmal unbefangen auf jemanden zuzugehen, der anders ausschaut. Schon oft habe ich erlebt, wie froh Erwachsene waren, dass sich wenigstens ihre Kinder getraut haben, den Juden auf etwas anzusprechen.

Ich stehe an der Ampel. Es ist rot. Ein Fahrradfahrer mit einem kleinen Mädchen auf dem Kindersitz hinter ihm hält schräg neben mir. Das Mädchen haut ihren Vater gegen den Rücken, leicht lispelnd und mit großen Augen: »Guck ma', so 'ne kleine Mütze hat der auf!« Ihr Vater, etwas verlegen, aber mich sehr freundlich anschauend: »Ja, hehe, der Mann ist Jude. Deshalb trägt er die.« Das kleine Mädchen denkt kurz nach, dann schelmisch grinsend: »Papa, du ... ich bin auch Jude.« Warum missionieren wir eigentlich nicht? Es könnte so einfach sein. So einfach!

Ein anderes Mal gehe ich schwer bepackt mit Einkäufen die Straße herunter zu meiner Wohnung. Dabei höre ich wieder einmal viel zu laut Musik und – ich gebe es ja zu – tänzle ein wenig vor mich hin, als wäre das Lied im Ohr eigens für meinen Heimweg komponiert. Da erahne ich das allmählich näherkommende Rufen eines kleinen Mädchens. Das kindlich energische »Warte auf mich!« wird immer lauter. Ich drehe mich um, sehe das Mädchen auf mich zukommen und schaue mich dann um, ob ich seine Eltern oder Großeltern entdecken kann, doch niemand außer mir ist auf dem Bürgersteig zu sehen.

Ich bleibe stehen, nehme die Kopfhörer aus den Ohren und drehe mich erneut zu allen Seiten um. Das Mädchen macht noch einen letzten Satz auf mich zu und greift beherzt meinen Mantel: »Warst du im Uuulaub?« Uuulaub? Die Kleine muss im Vorschulalter sein. »Ja, war ich«, sage ich, »warst du auch verreist mit deinen Eltern? Wo sind sie denn eigentlich gerade?« – »Nein ... weiß ich nicht. Duuu?«, setzt sie fragend an, meinen Mantel weiterhin in der Hand. »Ja?«, entgegne ich und muss schmunzeln. »Ich war traurig, dass du weg warst«, sagt sie leise, ein wenig verstohlen. Ich bin gerührt und weiß gar nicht recht, was ich sagen soll. Erst jetzt fällt mir auf, dass das Mädchen gar keine Jacke trägt, obwohl es heute recht kühl ist. Ich werde stutzig, nehme die Kleine an die Hand, lasse meine Einkäufe zurück und gehe in die Richtung, aus der sie gelaufen kam.

Plötzlich kommt eine sichtlich aufgelöste Dame von der anderen Straßenseite herübergerannt, Hausschuhe an den Füßen. Sie greift das Mädchen, offenbar ihre Tochter: »Da bist du ja! Du kannst doch nicht einfach aus dem Haus laufen! Wenn du überfahren worden wärest!« Die Dame schaut mich an, lacht nun erleichtert auf und sagt: »Und sie hat noch laut: ›Mama, der Mann ist wieder da!‹, gerufen. Sie ist ein echter Fan.« – »Fan?«, frage ich irritiert und ein wenig belustigt, nicht wissend, was eigentlich vor sich geht. »Ja, wenn Sie die Straße zum Marktplatz oder zu sich zurücktanzen, holt sie mich immer ans Fenster.« Scham. Ich fühle mich erwischt. Vorbei die Zeit, in der ich mich unbeobachtet wähnte. Die Dame lacht. Sie muss meine Schamesröte sehen können. Ich muss über mich lachen. Das kleine Mädchen lacht auch. Ich verabschiede mich von den beiden, gehe zu meinen Einkäufen zurück und kann mich nicht entscheiden, ob ich nun eigentlich gerührt, stolz, irritiert, beschämt oder alles zugleich bin.

Ich hole meine Kopfhörer wieder hervor, greife nach meinen Einkäufen, schmunzle über meinen kleinen Fan und denke: Willkommen zu Hause.

HUNDE GEGEN ANTISEMITISMUS

Doch nicht nur mit Worten lässt sich gegen antisemitische Anfeindungen oder sogar Gewalt vorgehen. Das erfuhr ich in München, wo ich eine Geheimwaffe gegen Judenhass fand: einen Hundewelpen. Ein kleines, niedliches Geschöpf, das die Herzen anderer mit nur einem Blick erwärmt. Seit 2019 besitze ich einen Zwergrauhaardackelwelpen. Ein bis heute wunderschönes, freundliches, mitunter amüsantes Tier. Die Nachbarschaft, in der ich in München gewohnt habe, barg, wie sich viel zu schnell herausstellte, etliche Menschen, die Juden nicht wohlgesonnen sind. In den ersten Tagen nach dem Umzug wurde ich direkt von einigen Herren arabischer Herkunft harsch angefeindet. Ich musste mich damit abfinden, dass meine unmittelbare Nachbarschaft zu gefährlich war, um dort mit einer Kippa auch nur einen kurzen Gang zur Apotheke oder zum Wochenmarkt zu absolvieren. Es wäre völlig fahrlässig gewesen. Es gab einfach zu viele Menschen, die mir direkt sehr offen böswillig gegenübertraten.

Ich setzte also ausgerechnet für meine Münchner Nachbarschaft einen Hut über meine Kippa, sobald ich aus dem Haus ging. Das reichte zum Schutz aus. Die Männer, die mir an den ersten Tagen so feindselig begegnet waren, erkannten mich plötzlich nicht mehr auf der Straße. Dieser Effekt ist verblüffend. Doch es gab einen Mann aus dem Wohnkomplex nebenan, der mich dennoch erkannte und mich jedes Mal mit Ausdrücken wie »scheiß Jude«, »Judenratte« oder arabischen Beleidigungen, die ich nicht recht verstand, bedachte. Einmal drückte er, auf der anderen Straßenseite stehend, seine Faust in seine andere Hand, als ob er vorhätte, mich anzugreifen. Doch bevor dies geschehen konnte, bekam ich meinen Welpen: Sir Monty Don. Benannt nach einem berühmten britischen Gärtner. Woher das »Sir« kommt, können Sie sich an diesem Punkt denken. Ich führte den nur zehn Wochen alten, winzigen Monty, an seiner Leine tapsend, wenige Schritte spazieren. Der besagte antisemitische Nachbar tauchte plötzlich aus dem Nichts auf. Ich erstarrte.

Er (ausgesprochen freundlich): »Bruder, wie niedlich ist der denn!«

Ich (verwirrt): »Danke. Ja, das ist er ...«

Er: »Bei uns sind die ja leider unrein, aber ich hätte so gerne einen. Und der Kleine hier ist ja der Hammer!«

Ich: »Ja, er ist wirklich toll. Und er soll einmal ein Schulhund werden.«

Er: »Ey, du bist Lehrer? Respekt. Und ihr dürft Hunde haben?«

Ich: »Die Schule?«

Er: »Nein, ihr Juden. Dürft ihr Hunde haben?«

Ich: »Es gab und gibt durchaus Rabbiner, die nichts mit Hunden anfangen können, aber es ist nicht ›unrein‹, sie zu haben. Und es gibt im Judentum auch viele Fürsprecher für Hunde. Immerhin heißt es, dass Hunde damals den Auszug aus Ägypten möglich gemacht hatten, weil sie nicht gebellt haben, als sie die Hebräer fliehen sahen. Und in einer Auslegung heißt es, der hebräische Name für Hund bedeute, dass ein Hund ganz Herz sei.«

Er: »Cool. Finde ich gut. Hätte ich nicht gedacht. Darf ich den Hund mal streicheln?«

Ich nickte. Er streichelte den Hund.

Er: »Danke. Bis zum nächsten Mal!«

Freudestrahlend zog er ab. Und ich atmete erleichtert auf.

3

OMAKIND

Ich habe keine Erinnerung mehr an die Beerdigung meines Opas vor über fünfundzwanzig Jahren. Meine Oma erzählte mir, dass meine Eltern damals nicht wollten, dass ich mit zu seinem Begräbnis komme. Das sei einem Vierjährigen, noch dazu mit einer solch engen Bindung zu seinem Großvater, nicht zuzumuten. Doch meine Oma bestand darauf. Am Tag der Bestattung saß ich vor dem Sarg meines Großvaters auf dem Schoß meiner Oma, und sie erklärte mir, dass mein Opa tot sei, er nun Ruhe vom Leben brauche und deshalb nicht mehr aufwachen würde. In dem Moment, so berichtete es meine Oma, hätte ich genickt und ihr gesagt, dass das schon in Ordnung sei. Wir hätten beide eine Weile geschwiegen. Und dann hätte ich meine Oma plötzlich voller Entsetzen gefragt: »Heißt das, dass ich morgen nicht mehr aufwache, weil Opa mich jetzt nicht mehr weckt?« Da habe sie gelacht und entgegnet: »Ab morgen machen wir es so wie an den Tagen, an denen dein Opa dich hat schlafen lassen – ich wecke dich.«

Meine Oma wurde mir ein dritter Elternteil. Ich verbrachte jeden Tag bei ihr, kochte, buk und aß mit ihr, wir spielten zusammen bis tief in die Nacht, wir schauten mittels Fernsehdokumentationen in die Welt hinaus, arbeiteten gemeinsam im Garten und wahrscheinlich schlief ich häufiger in ihrem Bett auf der Seite meines Großvaters als in meinem eigenen Bett. Ich war durch und durch ein Omakind, und obwohl man mich mit eben jenem Ausdruck in meiner Verwandtschaft immer wieder aufziehen wollte, kam es bei mir nur als Attest meiner innigen Bindung zu meiner Oma an. Freunde von mir, ob aus Kindergarten, Grundschule oder Gymnasium, hielten sich immer gern im unteren Geschoss unseres Hauses auf, das meine Oma bewohnte. Eine so gütige Großmutter wie meine Oma zu haben erkannte ich früh als Privileg, wenn Freunde von mir ihre Nähe suchten und mir erzählten, dass sie nichts mit ihren Großeltern unternehmen, keinen Alltag, keine Rituale wie gemeines Beten vor dem Schlafengehen, keine Interessen teilen würden.

Wenn ich abends zu Bett gehen musste, ob in meinem eigenen oder in ihrem auf Opas Seite, hatten wir stets denselben Dialog. Sie sagte: »Schlaf gut!«, und ich: »Du auch!«. Sie: »Träum was Schönes!«, und ich: »Du auch!«. Und bevor ich dann entweder auf der obersten Treppenstufe zum Elterngeschoss stand oder sie aus dem großelterlichen Schlafzimmer ging, ergänzte ich noch ein: »Oma, ich hab dich lieb«, und sie: »Ich dich auch.«

Diesen Schlussdialog behielten wir bei, als ich von zu Hause auszog und wir oft miteinander telefonierten. Die Telefonate mit ihr gaben – und geben mir noch heute – Halt. Es ist nicht nur die Vertrautheit ihrer Stimme und ihre lieben Worte, sondern gerade ihr Erfahrungsschatz, ihre Offenheit, Klarheit und ihr Rat. Ihr gaben die Anrufe offensichtlich Sicherheit oder eher: die Versicherung, dass es mir da draußen gut geht und mir kein Antisemit zu nah an Leib und Leben rückt. Außerdem war sie stets sehr interessiert daran, wie ich mich entwickle und welche Wege ich gehe. Meine Oma und ich sprachen immer ausführlich und über alle erdenklichen Themen. Ich stellte kurze Fragen, sie gab lange Antworten. Und ich hörte ihr einfach zu. Sie sprach vom menschlichen Miteinander, von Liebe und vom Leben – und wie selten das einfach und wie oft das alles schwierig ist.

Durch unsere Telefonate gelang es mir, mich wieder heimisch in der Welt zu fühlen, wenn ich mich vor Anfeindungen verkriechen wollte und mir zum Heulen zumute war. Gerade an besonders schlimmen Tagen griff ich zum Hörer und habe wohl deshalb die Telefonate mit ihr hinterher niedergeschrieben, auch wenn ich fast nie mit meiner Oma über einen antisemitischen Vorfall gesprochen habe. Das musste ich gar nicht. Ihr wäre es zu nah gegangen, und ich konnte zwar darüber schreiben, aber nicht darüber sprechen. Deshalb kam es uns beiden entgegen, über anderes zu sprechen. Doch meine Oma wusste ganz genau, wenn es mir schlecht ging. Und wenn es meiner Oma schlecht ging und ich Sorgen um sie mit mir herumtrug, schrieb ich Erinnerungen an sie auf und teilte sie mit anderen. Es gab viel Kostbareres zu erzählen als Anekdoten über Antisemitismus, auch wenn sich manches Mal natürlich das eine mit dem anderen verbindet.

EINE OMA WEISS, WANN IHR ENKEL IM FERNSEHEN IST

Am Sonntag nach einer Fernsehaufzeichnung, an der ich mitgewirkt hatte, telefoniere ich mit meiner Oma. Sie hat mir bereits am Freitag auf dem Anrufbeantworter eine Nachricht hinterlassen: »Hallo ... ach Herz, ich habe dich im

Fernsehen gesehen. Natürlich habe ich dich im Fernsehen gesehen. Rufst du mich am Sonntag an, ja? Alles Liebe und Gute, deine Oma!«

Ihre Worte irritierten mich. Vielleicht hatte ich sogar ein bisschen Angst. Denn unserer Beziehung zueinander liegt ein gewisses Dilemma zugrunde: Ich begegne vielleicht keinem Menschen so offen wie ihr, ich belüge sie nicht. Das Maximum, das mein Gewissen im Umgang mit ihr zulässt, ist, gewisse Wahrheiten nicht zu sagen. Nur ist meine Oma in besonderer Weise um mein Wohl besorgt, sowohl was meine Gesundheit als auch meine Sicherheit anbelangt. Sie fürchtet sich vor zwei Dingen: Krankenhäusern (zu viele schlechte Erfahrungen) und dass sie aus Zeitung oder Fernsehen erfährt, dass jemandem aus der Familie etwas Schlimmes zugestoßen ist. Aus diesem Grunde nimmt meine Oma an, dass ich niemals allein in der Stadt unterwegs bin, nur im Lichte des Tages, stets inkognito und niemals mit der S- oder U-Bahn. Nichts davon habe ich je behauptet, sondern ihren Annahmen lediglich nicht widersprochen. Ich konnte nicht anders. Sie wäre sonst krank vor Sorge.

Deshalb hatte ich ihr weder etwas von meinem Zeitungsinterview noch von meinem Fernsehauftritt erzählt. Und auch nichts von irgendwelchen unangenehmen Erfahrungen. Manches Mal verplapperten sich meine Eltern. Schon Halbsätze reichten aus, um die nagende Urangst meiner Oma zu wecken. Meine Eltern retteten sich dann mit Ausflüchten, die meist dennoch dazu führten, dass sich meine Oma nach meinem Befinden erkundigte.

Manchmal möchte ich nicht, dass sich geliebte Menschen um mich sorgen. Weil es zu schädlich für sie wäre. Oder weil sie sich schon genug im Leben sorgen mussten. So wie meine Oma.

Und dann ihr Anruf. Ich habe kein schlechtes Gewissen. Meine Oma klingt weder besorgt noch enttäuscht. Sie fragt interessiert nach der Sendung, nach meinem Gefühl und meinen Eindrücken. Sie fragt wissend, ob ich das Polohemd mit den doppelten weißen Streifen an Kragen und Ärmeln passend zu meiner Kippa ausgewählt hätte (ja) und ob ich mir extra neue Schuhe gekauft hätte (ja). Beide Male muss sie nach meinen Antworten lachen. Dann klingt sie plötzlich ganz ernst:

»Weißt du, ich sah das, und ich wusste nicht, was ich denken sollte. Ich fragte mich, wie viele schlimme Ausschnitte du aus deinem Alltag hättest erzählen können. Und ich dachte daran, wie still du einmal geworden bist, als ich von Angst gesprochen habe, und dass man sich wegen ihr niemals zu Hause einschließen sollte. Man muss sich auch im Dunkeln auf die Straße trauen können, habe ich gesagt. Aber als ich dich da im Fernsehen sah, nachdem du das erste Mal etwas gesagt hast ... wie du da einfach still gesessen hast mit den blanken Schuhen und dem gestreiften Kragen, so harmlos, da habe ich gedacht: So etwas darf doch meinem Enkel nicht passieren!«

Ich schweige. Meine Oma ebenfalls eine Weile.

»Aber dann«, fuhr sie fort, »brachte mir dein Vater den Zeitungsartikel und legte ihn auf meinen Tisch am Fenster. Ich wusste nicht, welche Geschichten mich da erwarten würden. Ich las das auch nicht ganz.«

»Nein?«, hake ich ein.

»Nein«, sagt meine Oma, »ich las ihn nur bis zu deinem Zitat ›Manche Freiheiten muss man jeden Tag wieder verteidigen.‹, weiter nicht.«

Nach einer kurzen Pause: »Was für ein Satz! ›Das ist mein Enkelsohn!‹, habe ich da zu deinem Vater gesagt. Das hat mich richtig gepackt. Herz, das ist mutig und toll! Das habe ich von dem Zeitungsartikel und der Fernsehsendung gedacht.«

Zum Schluss unseres Gesprächs soll ich meiner Oma aber trotzdem noch einmal versichern, dass ich auch mit Kippa auf dem Kopf noch vorsichtig bleibe – gerade beim S- und U-Bahnfahren.

STOLZ UND HÖRGERÄT

Meine Oma ist im besten Sinne eine stolze Frau. Sie ist jenseits der achtzig und hat in den vergangenen Jahrzehnten Widrigkeiten durchstehen müssen, die viele Menschen verbittert hätten. Widrigkeiten, die schrecklichen Zeiten entsprangen, die lange vergangen und verblasst scheinen. Und Widrigkeiten, die mit der eigenen Gesundheit und der Gesundheit der ihr liebsten Menschen verbunden und zu bewältigen waren. Lange, bevor ich auch nur geboren war. Einen Krieg hatte sie überleben müssen. Eine Schwester im Kindesalter verloren. Den eigenen Sohn in seiner Jugend sterben sehen. Kurz darauf den Ehemann. Zweimal den Krebs besiegen müssen.

Doch wenn ich meine Oma anschaue, sehe ich ihre liebevollsten Augen, die ich so gut kenne. Ich spreche mit ihr und werde, wenn mir wieder einmal der Gedanke an ihre Vergangenheit kommt, von tiefer Ehrfurcht ergriffen. Da ist so viel Liebe, so viel Stärke in ihrer Stimme, in ihrem Wesen. So viel davon, dass sie sich noch heute am liebsten um jeden kümmern, jedem etwas Gutes tun möchte. Die schweren Jahre haben ihr nichts davon nehmen können. Im Gegenteil, an jeder Herausforderung ist meine Oma gewachsen.

Einmal sagte sie mir, man müsse, um für andere da zu sein, fit sein, gesund, kräftig und ausdauernd. Deshalb würde sie sich selbst um eine gute Gesundheit bemühen, was den Tatsachen entspricht: Sie fährt überall mit dem Fahrrad hin, geht viel spazieren und wandern. Sie ernährt sich gesund (sie schwört auf mehrere Bananen am Tag), und ihr heiteres Gemüt trägt gewiss auch zu ihrer guten Gesundheit bei.

Jedoch gibt es Erscheinungen, die sich mit fortschreitendem Alter kaum vermeiden lassen: Erinnerungsvermögen, Sehstärke und Hörvermögen zeigen die Spuren der Zeit. Gerade um Letzteres ist es nicht mehr gut bestellt. Meine Eltern und Tanten, ihre Töchter, rieten meiner Oma zu einem Hörgerät, doch sie lehnte es immer wieder ab. Bei einem Besuch zu Hause fragte ich sie, warum sie auf ein Hörgerät verzichten wolle. Da sagte sie:

»Ich bin eine stolze Frau, Herz, aber ich habe Angst vor diesem Stigma. Es anzunehmen würde bedeuten, dass ich nicht mehr fit bin. Und der Blick in den Spiegel würde mich jedes Mal daran erinnern.«

Es fiel meiner Oma sehr schwer, das auszusprechen, ist sie doch so sehr daran gewöhnt, stark zu sein für sich und für andere. Ich umarmte sie und fragte, wie viel so ein Stigma denn noch bedeuten könnte, wenn es gleichzeitig die Gesundheit verbessere, sodass man wieder das tun kann, was einen erfüllt, nämlich für andere stark zu sein. Da schaute meine Oma mich an und fragte: »Benutzt du gerade etwa einen meiner Aphorismen gegen deine alte Oma?« Sie lachte.

Wenige Tage später rief sie mich an und berichtete mir, dass sie ihr Gehör habe untersuchen lassen – und der Arzt habe ihr noch vor dem Hörtest ein Hörgerät empfohlen. Sie habe das jedoch erst nach dreimaliger Nachfrage verstanden, gab sie lachend zu. »Ich bin jetzt über achtzig Jahre, Herz«, sagte sie, »und werde bald ein Hörgerät tragen. Ich bin jetzt wohl wirklich alt. Nu, aber ich werde besser hören, fitter sein und kann weitermachen wie bisher. Dann ist es wohl in Ordnung, wenn ich jetzt noch zwanzig Jahre lang oder so wirklich alt bin.«

ONKEL DICKIE

Am Telefon fragte mich meine Oma, welche Torten und Kuchen sie an den Tagen am Ende des Jahres, an denen ich zu Hause sein würde, backen könnte, um mir eine Freude zu bereiten. Wie immer zählte ich dann die Namen von denjenigen feinen Backwaren auf, von denen ich wusste, dass meine Oma sie selbst gern isst. Wie immer durchschaute sie das. Als sie daraufhin von alten Backrezepten zu erzählen beginnt, kommt mir plötzlich eine Frage in den Sinn.

Als ich das letzte Mal in der alten Heimat gewesen bin, fand ich zufällig einen Schuhkarton voller alter Ansichtskarten. Zufällig, auf die Art, wie man eben etwas zufällig findet, wenn man eigentlich mit klarer Intention etwas ganz anderes sucht. Ich stöberte also nach alten Dingen – namentlich einem Skizzenbuch, von dem mir eine Tante erzählt hatte – und fand dabei diesen Schuhkarton. Wenn ein Schuhkarton derart weit oben in einem massiven Eichenschrank versteckt steht, kann man recht sicher sein, dass darin keine alten Lederschuhe vermodern, sondern alte Briefe, Fotos, Münzen, Anstecknadeln, Knöpfe oder derlei zum Vorschein kommen. In diesem Fall waren es Ansichtskarten. Ansichtskarten, die sich mein Vater und seine drei Geschwister über einen Zeitraum von mehr als fünfzehn Jahren gegenseitig geschrieben hatten. Sie stammten von Urlauben, Klassenfahrten, Zeltlagern, Fortbildungen und Ausflügen mit den ersten Partnern der Kinder meiner Oma.

Mir war gleich aufgefallen, dass die meisten Karten an meinen verstorbenen Onkel adressiert waren. Ich hatte ihn nicht mehr kennengelernt. Er war der Jüngste unter den Geschwistern meines Vaters und verstarb schon im Jugendalter in einem Krankenhaus – der Grund, weshalb sich meine Oma bis heute vor Krankenhäusern fürchtet. Obwohl ich meinen Onkel nie getroffen, nie gesprochen habe, ist die Ähnlichkeit unverkennbar. Ich sehe ihm nicht nur äußerlich recht ähnlich, auch gewisse Charakterzüge von ihm fand meine Oma in mir wieder. Das mag vielleicht der Grund gewesen sein, weshalb meine Oma in meiner Kindheit um meine Sicherheit ganz besonders besorgt war und versuchte, mich vor jeder Schrankkante mit ihren Händen abzuschirmen.

Auf den Ansichtskarten wurde mein Onkel oft als »Dickie« angesprochen, was mich irritierte. Auf keinem der Kinder- oder Jugendfotos von ihm, das ich kannte, war er auch nur normalgewichtig; er hatte ganz eindeutig meine schlanke Statur. Doch über all die Jahre hinweg nannten seine Geschwister ihn auf den Karten »Dickie«. Gehört habe ich diesen Spitznamen von meinem Vater oder meinen beiden Tanten kein einziges Mal in den über dreißig Jahren meines Lebens. Das war doch seltsam.

So stelle ich meiner Oma kurzerhand die Frage, wie sich dieser Name erklärte. Sie schweigt. Sofort bereue ich meine Frage. Meine Oma hat nur sehr wenige Themen, über die sie ungern spricht, mein Onkel zählt dazu. »Man kann einen Menschen so sehr lieben, dass man seinen Tod auch nach dreißig Jahren noch nicht recht verschmerzen kann«, hat sie einmal über ihn gesagt. Doch dann fängt sie ganz unbefangen an, so unbefangen, dass ich am Telefon den Eindruck bekomme, sie lächle gerade dabei:

»Nun, mein Sohn hat als Kind ständig mit Wachsmalstiften gemalt. Das hat er eigentlich nie ganz aufgegeben. Er nannte seine Stifte ›Dickies‹. Und so nannten seine Geschwister ihn dann irgendwann danach. Sie wollten ständig, dass er etwas für sie malt. Er hatte wirklich Talent. Er hat viele Dinge gemalt, die er nicht sagen konnte. Dein Onkel war sehr sensibel, aber hat eben vieles einfach nicht aussprechen können. Als er dann gestorben ist, wollte dein Vater, dass die Blechschatulle seines Bruders mit seinen Wachsmalstiften mit in den Sarg kommt. So haben wir das auch gemacht. Nach der Beerdigung sprach dann aber niemand mehr von ihm als ›Dickie‹. Den Kosenamen haben wir ihm mit ins Grab gegeben, denke ich.«

Meine Oma schweigt.

»Ich habe diesen Namen schon viele Jahre nicht mehr gehört. Danke, dass du ihn mir wieder wachgerufen hast. Sowas darf man nicht vergessen. Das ist eine schöne Erinnerung. Vielleicht beschreibt keine besser, wie dein Onkel war.«

IM WESTFALEN DER LETZTEN GLÜHWÜRMCHEN

Vor einigen Jahren brachte mich ein schwerer Migräneanfall ins Düsseldorfer Universitätsklinikum. Es war das zweite Mal innerhalb weniger Monate, dass es in meinem Schläfenlappen neuronales Chaos gegeben hatte. Mein bester Freund (und damals glücklicherweise auch schon Nachbar) Pascal brachte mich ins Krankenhaus und harrte dort zusammen mit einer Freundin aus, um mich am späten Abend nach Hause zu begleiten. Das Universitätsklinikum lag nah an meiner Wohnung am Rhein, weshalb Pascal einen abkürzenden Spaziergang über eine wilde Feldwiese vorschlug. Und da waren sie, auch wenn ich sie nach den Triptanen und Schmerzmittel, dem Schwindel und dem Neben-sich-Sein einen Augenblick lang für eingebildete Funken in der nächtlichen Ferne hielt: Glühwürmchen.

Als ich sie sah, kamen sie mir vertraut und fremd zugleich vor. Ich sagte, dass ich schon lang keine Glühwürmchen mehr gesehen hatte, um den restlichen Abend darüber zu sinnieren, ob ich sie eigentlich wirklich jemals zuvor jenseits eines Fernsehbildschirms oder alter Insektenbände gesehen hatte. Dabei hatte ich sogar eine Erinnerung daran, wie sich ein einzelnes Glühwürmchen in den Händen anfühlte.

Einige Tage später telefonierte ich mit meiner Mutter, die ich fragte, ob es in meinem Heimatort Glühwürmchen geben würde. Meine Mutter meinte lakonisch, dass es sie zwar in ihrer Kindheit gegeben hätte, aber nicht in meiner. Sie wüsste nicht, dass sie je welche in unserem Garten gesehen hätte. Ich bildete mir danach ein, dass ich womöglich eine Szene aus irgendeinem Film oder einer Serie als Kind so verinnerlicht hatte, dass ich glaubte, es selbst erlebt zu haben.

Eine Woche später telefonierte ich mit meiner Oma und sprach mit ihr über heimische Vögel und wie gern ich sie bei unseren Spaziergängen durch den Wald beobachtet hatte. Ich erzählte ihr davon, dass laut umfangreicher Studien viele Vogelarten immer seltener werden würden und man sie heute kaum noch irgendwo beobachten könne. Meine Oma stimmte ein, dass sie schon sehr lang keinen Zaunkönig, Specht oder – wie ich ihn als Kind besonders mochte – Eichelhäher mehr gesehen habe. Doch andere, die mehr unterwegs wären als sie, hätten wohl noch ab und zu Vertreter dieser Arten erspähen können.

»Aber weißt du was?«, fragte meine Oma dann, »wir hatten schon seit ein paar Jahren keine einzige Libelle mehr in unserem Garten. Früher hatten wir ja viele davon; ganz große in Blau und Grün. Du mochtest sie als Kind wegen ihrer Farbe und Flügel, hast dich aber oft erschreckt, wenn sie wieder einmal aus dem Nichts laut brummend an deinem Ohr vorbeirauschten.«

Ich bejahte, dass ich mich daran noch erinnern konnte. Da fiel mir plötzlich ein, dass ich meine Oma ja nach den Glühwürmchen fragen könnte.

»Ja, natürlich hatten wir Glühwürmchen bei uns! Aber da warst du noch sehr klein, nicht einmal im Kindergarten. Dein Opa hatte dich manchmal nach draußen geholt, wenn die Glühwürmchen schon bei Dämmerung auftauchten. Oft waren wir und deine Eltern im Sommer aber auch lang im Garten mit den Hecken, Obstbäumen und dem Gemüse beschäftigt. Wenn wir dann einen Schwarm Glühwürmchen sahen, bemerkten wir erst, dass es schon dunkel geworden war und man eigentlich gar nicht mehr gut genug sehen konnte für die Gartenarbeit. Dann war es Zeit fürs Abendbrot. Im Wintergarten konnte man beim Essen noch die Glühwürmchen beobachten.«

»Und habe ich mal ein Glühwürmchen angefasst? Ich meine mich zu erinnern, dass ich mal eines in den Händen hielt«, sagte ich am Hörer.

»Ach du!«, lachte meine Oma auf, »Wenn du oben von

deinem Zimmer aus Glühwürmchen entdeckt hast, bist du doch immer direkt barfuß im Schlafanzug heimlich durch eure Küche und euer Wohnzimmer geschlichen und hast dich in der Nacht auf den Rasen gesetzt oder das eine oder andere Glühwürmchen vorsichtig mit beiden Händchen eingefangen.«

Ich war froh, dass ich mich doch richtig erinnert hatte.

»Und weißt du auch, mein Herz?«, fragte meine Oma. »Als dein Opa schließlich, kurz bevor du in den Kindergarten kommen solltest, gestorben ist, da kamen keine Glühwürmchen mehr. Das weiß ich nur deshalb noch, weil du das damals immer wieder gesagt hast. Dass die Glühwürmchen nicht mehr kommen würden, weil Opa nicht mehr da wäre. Du hast allen immer erklärt: ›Opa ist weg, seine Hühner und Fasane sind weg, seine Bäume sind weg, und seine Glühwürmchen sind auch fort.‹ Dein Opa hat dir immer alles aus der Natur erklärt, kein Wunder, dass du als Kind gedacht hast, dass die Glühwürmchen mit ihm gegangen wären.«

DABEI HEISST ES DOCH, KUCHEN SEI UNGESUND

An nahezu jedem Sonntag habe ich als Kind mit meiner Oma gebacken. Ich durfte bei den schwierigsten Kreationen assistieren, und sie brachte mir viele nützliche, einfache und mittelschwere Rezepte bei. Besonders wichtig war es meiner Oma, mir gewisse Kniffe mit an die Hand zu geben: wie man sicher geht, dass niemals ein Stück Eierschale in den Teig gerät, oder wie man sie am leichtesten wieder herausfischt, falls es doch geschehen sollte; wie man das Eigelb am besten vom Eiweiß trennt; wie man überprüft, ob die Sahne ideal geschlagen wurde und wie man diese richtig unterrührt; wie man einen Teig mit möglichst wenig Kraft ausrollt; wie man Karamell macht, ohne einen Topf zu ruinieren; wie man eine Backform am sichersten für den Teig präpariert und auf wie viele Weisen man überprüfen kann, ob der Kuchen im Ofen tatsächlich fertig ist; wie man einen Tortenboden makellos horizontal halbiert; wie man nicht zu schwere Buttercreme herstellt und wie man mit welchen Früchten richtig beim Backen umgeht.

Die Mittage und Nachmittage, an denen wir backten, habe ich immer besonders genossen. Manche Torte brauchte Stunden, und wir nahmen uns alle Zeit der Welt, tranken im Winter dabei warmen Kakao und im Sommer eiskalte rote Limonade mit viel zu viel Kohlensäure. Nicht nur die Küche meiner Oma roch sonntags nach Kuchenteig, frisch geschlagener Sahne, reifen Erdbeeren aus dem Garten, warmem Kuchenguss oder geschmolzener Zartbitterschokolade, auch ihr Esszimmer, der Wintergarten und Wohnzimmer und Flur dufteten noch nach allerlei guten Zutaten, die, in rechtem Maße zusammengefügt und wohl abgeschmeckt, ein noch köstlicheres Ergebnis versprachen.

Besonders gerne fertigte ich Kreationen mit Früchten an, am liebsten mit Beeren, genauer gesagt Brombeeren; denn sie waren am berechenbarsten. Meine Vorliebe für sie konnte allerdings niemand aus meiner Familie so recht teilen.

Etliche Jahre später verbrachte ich nach einem langen und schweren Krankenhausaufenthalt die ersten Tage der zurückerkämpften Freiheit zunächst im Bett. Man wird heutzutage zumeist noch halb krank als völlig gesund aus dem

Krankenhaus entlassen. Die Strapazen und Ängste der vorangegangenen Wochen konnten auch nicht von einem auf den anderen Tag abgeschüttelt werden. Als es mir schließlich etwas besser ging, schlug mein Freund Marc vor, ein paar Freunde zum Kaffeetrinken einzuladen. Etwas Selbstgebackenes sollte es geben: einen Brombeerkuchen.

Am nächsten Morgen bestand ich darauf, den Kuchen ganz allein zu backen. Nach den vielen Tagen des Nichtstuns wollte ich etwas Produktives machen, etwas mit meinen Händen kreieren. Ohne Hilfe, mit aller Zeit und Ruhe dieser Welt. Es war ein Sonntagmittag wie damals mit meiner Oma, und schnell duftete die Küche nach geriebener Zitronenschale, gewaschenen Beeren, braunem Zucker, Mehlstaub und etwas später nach warmem Kuchenteig.

Ich hatte lang nicht mehr gebacken und dieser Kuchen hatte mir viel Kraft abverlangt, doch er gelang. Genau wie die mehrstöckigen Torten, die Karamellnetze oder gelierten Blumen in meiner Kindheit am Ende gelangen und schmeckten. Es ist schon erstaunlich, wie viel Freude eine solch vergängliche Kreation aus ein paar einfachen Zutaten bereiten kann. Und wie viel Heilung. Das mag gewiss auch meine Oma im Backen gefunden haben.

QUARTERLIFE CANADA

Mit Anfang dreißig überkam mich ein Gefühl des Unbehagens. Kann man, darf man mit Anfang dreißig schon eine Midlife oder eher Quarterlife Crisis haben, fragte ich mich. Tatsächlich erklärte mir das Internet, dass eine sogenannte Quarterlife Crisis existiert. Beim Blick auf die zugehörigen Merkmale kann ich im Geiste erstaunlich viele Haken hinter die Begriffe setzen: Unbehagen wegen der Zukunft, Unerfülltsein, Nostalgie, Zurückwünschen in die Zeit als Student oder Schüler, Langeweile, Stress des erwachsenen Alltags, Gefühl von Einsamkeit, die Frage nach einer eigenen Familie, aber vor allem oder in summa die Frage, ob ich jetzt eigentlich dort bin, wo ich sein möchte.

Meine Zweifel kommen mir ungerecht gegenüber all den Menschen vor, die mein Leben bereichern, und undankbar in Bezug auf die Aufgaben, die mich mit Freude erfüllen. Und ich muss denken: Meine Oma hatte sicherlich nicht so etwas wie eine Quarterlife Crisis. Im entsprechenden Alter zu ihrer Zeit hatte sie ganz andere, viel elementarere Sorgen und Nöte, und sie war wesentlich weniger privilegiert als ich.

Ich rufe sie an, wie ich sie immer anrufe, wenn ich einen Rat brauche. Zunächst druckse ich ziemlich herum, spreche mal in Ellipsen vom Thema, mal schweife ich völlig davon ab. Ich erzähle ihr, was mich alles in meinem Leben erfüllt. Und ich erzähle ihr, was ich vermisse: Dinge aus der Vergangenheit, Dinge, die in der Zukunft liegen (könnten). Seltsam, etwas zu vermissen, was noch gar nicht geschehen ist, nur weil man glaubt, es könne gar nicht eintreten. Und ich erzähle ihr, dass es mir schwerfällt, anderen davon zu berichten, weil ich mir so undankbar vorkomme und niemanden vor den Kopf stoßen möchte.

Sie erzählt mir von ihrer Heirat und dem Gründen der eigenen Familie. Vom Hausbau, dem Geldverdienen und Nicht-mehr-Geldverdienen. Vom Haushalt. Von Schwiegereltern. Und davon, dass all das nicht immer leicht war. Manches Mal sogar sehr, sehr schwer. Auch davon, wie ihr Bruder, sobald er konnte, nach Kanada ausgewandert ist und dort ein ganz anderes Leben führen konnte. Ein Leben, dem sie in gewissen Momenten in Gedanken zaghaft nachspürte. Ein Leben aus Reiselust und Abenteuer und Unabhängigkeit.

»Aber ich war eine junge Frau und mein Bruder ein junger Mann. Damit waren die Wege für mich deutlicher vorgezeichnet als für ihn. Ich bereue nichts, aber auch das ausbleibende Bereuen gehört vielleicht zum vorgezeichneten Weg. Heute ist das aber natürlich anders für die meisten Menschen.«

Ich schweige und denke lange nach. Da sagt meine Oma:

»Weißt du noch, wie ich dir früher immer gesagt habe, dass ich es nicht mag, wenn Leute auf Festen fröhlich zu *Ich war noch niemals in New York* mitsingen, weil das ein trauriges Lied ist? Ja, das ist es. Es ist ein trauriges Lied. Da singt jemand, dass er darüber nachdenkt, sein so nicht wirklich gewolltes Leben mit seiner Familie, einem Beruf, einer Wohnung einfach hinter sich zu lassen, um an einem fernen Ort frei und selbstverwirklicht zu leben. ›Aus allen Zwängen fliehen‹ heißt es da immer wieder. Aus allen Zwängen fliehen wollen. Darum geht es jetzt, oder? Vielleicht nicht aus allen, aber manchen, ja?«

Ich nicke. Und bemerke erst einen Moment später, dass das meine Oma nicht sehen kann, weil wir ja telefonieren. Ich bejahe also zusätzlich.

»Dann«, sagt sie, »löse dich aus dem, was dir als Zwang erscheint, und arbeite daran, das zu machen, zu haben, zu werden, was du möchtest. Gib dabei nach Möglichkeit nicht auf, was dir jetzt gefällt und was dich erfüllt, aber sei mutig, was die Zukunft angeht.«

Ich schreibe mir ihre Worte direkt auf wie ein Schüler Worte seiner Lehrmeisterin notieren würde. Und ich berichte ihr von mehreren Aspekten. Manches davon würde ich mit niemand anderem teilen. Ich erzähle ihr zum Beispiel viel von Beruf und Berufung. Dass mir meine Arbeit als Lehrer für jüdische Religionslehre ganz besonders gut gefällt und dazu meine verschiedenen Aufgaben in der jüdischen Gemeinde. Und dass ich seit meinem ersten G'ttesdienst speziell für Schülerinnen und Schüler einige Wochen zuvor nicht mehr vom Gedanken loskomme, Rabbiner zu werden. Das ist kein neuer Gedanke. Er war mir schon während der Oberstufenzeit in den Sinn gekommen. Direkt nach der Schule. Nach meinem Bachelor. Nach meinem Master. Nie schien mir die Zeit passend dafür. Ich kam mir nicht reif genug dafür vor. Doch nun werde ich das Gefühl nicht los, dass dieses Unterfangen besser früher als später in die Hände genommen werden sollte, bevor ich Wurzeln schlage und vielleicht nicht mehr den Mut dazu aufbringe.

»Du willst schon so, so lange Rabbiner werden«, höre ich meine Oma sagen, »Herz, sei es hierbei oder bei den anderen Dingen – du hast das Privileg, frei zu sein und frei zu handeln. Alles, was du beschreibst, kannst du verändern. Ist nicht einfach, tut nicht immer gut, tut dir und anderen auch weh. Zeichne deinen Weg so vor, wie du ihn vorzeichnen kannst. Schau, was dein Kanada ist. Das nicht zu tun, obwohl du könntest, wäre das Einzige, was wirklich undankbar wäre.«

Ich schweige lange.

»Nickst du wieder?«, fragt meine Oma.

Ich nicke.

4

IST DAS EIN ISRAELI? – ENTDECKUNGEN AUF DEM CAMPUS

In Düsseldorf begann ich 2008 ein Studium der Jüdischen Studien und der Jiddistik, um Judentum und Jüdischsein in vielfältiger Art und Weise zu ergründen: Religion, Philosophie, Sprachen, Literatur, Geschichte – das Judentum als Zivilisation. Auch wenn ich stets den Wunsch hegte, einmal Rabbiner zu werden, gefiel mir die Perspektive, in der Wissenschaft meiner Religion und Kultur in diesem Land dienlich zu sein. Meine Vorstellungen vom Studieren waren durchaus idealistisch: Die Universität imaginierte ich als eine Stätte des hochintellektuellen Austauschs, musste aber schnell feststellen, dass das nicht zutraf. Die Studierenden trugen genauso wie andere Menschen mitunter groteske antisemitische Vorstellungen in sich, und viele unter ihnen benutzten die Begriffe »Juden«, »Israelis« und »Israeliten« synonym. Kaum hatte ich mit dem Studium begonnen, trug sich Folgendes zu und sollte sich so ständig wiederholen:

»Scheiße ey, guck mal, Basti, ein Jude!«
  »Wo?«
  »Man, drei Meter neben dir!«

»Ähm, vielleicht solltest du dann nicht so laut über ihn reden, du Spacko!?« [Anm.: Kein Ausdruck, den man jemals benutzen sollte]

»Als ob der Herr Jude mich verstehen würde!«

»Kann doch sein.«

Ich schaue herüber zu den beiden, neutral, so als hätte ich nichts verstanden oder nicht zugehört.

»Ja, genau ... Der Jude versteht was! Haha. Der ist bestimmt aus Israel. So ein Israeli ...«

»Die machen gerade ein Sportfest in Berlin, hab ich gesehen. Eine Olympiade nur für Juden.«

»Ah ja ... Und da treten dann so magere Juden mit Jutebeutel wie der gegeneinander an. Haha. Wo drin denn!? Geld zählen?« [Anm.: Somebody crossed the line!]

»Keine Ahnung.«

»Und das ist nur für Juden!? Krass. Wenn ich da mitmachen dürfte, würde ich die in allem besiegen.«

Zeit, hallo zu sagen. Ich gehe also drei Meter nach rechts.

Ich: »Schalom zusammen. Ich hörte, ihr habt keine Ahnung von Juden?«

Volltrottel, jetzt schamesrot und sehr leise: »Äh ... Geht so.«

Ich schüttle schief grinsend den Kopf.

Basti: »Oh man ... Tut uns echt leid. Wir wussten nicht, dass du uns verstehst.«

Ich: »Ich weiß auch nicht so genau, ob ich euch wirklich verstehe ... Aber hey, du, ja du, du bist ein Sport-Ass, oder?«

Volltrottel, immer noch schamesrot und immer noch sehr leise: »Hm, joa ... geht, ne?«

Ich: »Das dachte ich mir. Kennst du Mark Spitz? Mark Spitz hat auch mal bei Makkabiaden, diesen jüdischen

Sportfesten, mitgemacht. Und dann hat er bei den Olympischen Spielen mitgemacht. So mit Nichtjuden zusammen. Und da hat er neun Goldmedaillen gewonnen. Neun. Heftig, oder?«

Volltrottel: »Und wo drin?«

Ich: »Geld zählen.« Ich lache falsch. »Nein, nein. Wer würde sowas sagen? Im Schwimmen hat er die gewonnen. Ist schon ein paar Jahrzehnte her, aber hey, ich frag mich, wenn er und du heute um die Wette schwimmen würdet, wer da den Kürzeren ziehen würde.«

Basti lacht laut: »Mein Trottel von Kumpel hier kann gar nicht schwimmen!«

Ich: »Oh. Na dann hab ich schon ein Gebiet gefunden, auf dem ein magerer Jude mit Jutebeutel dich schlagen würde. Und du solltest erst mal sehen, wie weit ich einen Speer werfen kann, wenn ich nur ein gutes Ziel vor Augen habe.«

Da lachen wir drei noch einen Moment; die beiden ertappt und verlegen und ich, weil ich mich nach längerer Abstinenz einem schönen Sport widmen konnte: Bullshit Boxing.

Beim Bullshit Boxing war ich glücklicherweise nicht allein. Durch die Teilnahme an einem Filmkritikkurs fand ich rasch gute Freunde an der Universität. Ich lernte durch die jüdische Gemeinde jüdische Veranstaltungen in der Region und durch meine Studienfächer zwar auch viele jüdische Bekannte und Freunde kennen, aber die meisten und engsten Freundschaften schloss ich im Zuge dieses Kurses, der ein Magnet für Studierende aus allerhand Fächern war. Aus unserem gemeinsamem Interesse ergab sich schnell ein zusätzliches privates Vergnügen: eine Gruppe, in der wir vornehmlich blutige Horror-, Science-Fiction-, Fantasyfilme, Thriller und allerlei Kult- und Oscar-prämierte Filme schauen. Diese Zusammenkunft besteht bis heute unter ihrem ursprünglichen Name fort: Blutgruppe.

Wir hatten immer jede Menge Spaß und konnten viele glückliche Momente teilen. Außerdem fand ich in dieser Gruppe meinen schon erwähnten, besten Freund Pascal, der irgendwann sogar in meine Straße zog, wodurch ich mit ihm noch mehr Zeit verbringen konnte. Ich habe mit ihm über alles gesprochen. Und zum ersten Mal konnte ich richtig offen mit jemandem über antisemitische Erfahrungen reden und auch darüber, was es bedeutete, für fremde Menschen ständig »der Jude« zu sein. Pascal half mir mehr als nur einmal auf einer Party, mich aus einem unangenehmen Gespräch zu retten. Auf jeder größeren Geburtstagsfeier bahnte sich früher oder später jemand den Weg zu mir, der in heiterer Runde lediglich etwas zu den Themen Shoah, Antisemitismus und Nahostkonflikt von mir hören wollte. Pascal hatte ein ausgesprochen gutes Gespür dafür, wenn mich jemand wieder einmal minutenlang auf ein solches Gespräch festnageln wollte, und erfand allerlei Vorwände, um mir zu helfen. Und er war wie auch andere Freunde immer wieder geschockt darüber, wie platt und wie klischeehaft andere Studierende die immer gleichen Dinge fragten und sagten.

Vor allem aber litten meine Freunde mit, wenn mir wieder einmal etwas Judenfeindliches widerfahren war – allzu oft war einer von ihnen oder gleich mehrere mit dabei. Diese Situationen fürchtete ich am meisten. Denn tatsächlich fühlte ich mich verletzlicher, wenn geliebte Menschen mit ansehen müssen, wie jemand etwas Antisemitisches zu mir sagt oder mir antut. Es ist mit Scham besetzt, und zudem fürchtete ich, dass solche Situationen dazu führen, dass Freunde nicht länger mit mir in der Stadt etwas unternehmen oder überhaupt mit mir unterwegs sein wollen. Das war zum Glück nicht der Fall, doch verstand ich fürsorgliche Fragen à la »Willst du hier nicht besser deinen Hut aufsetzen?« auch als meine Verantwortung, dem Sicherheitsgefühl des Fragenden Genüge zu tun. Ich musste mich außerdem daran gewöhnen, dass meine – allesamt nichtjüdischen – Freunde aus der Blutgruppe auf meine Erfahrungen mit Antisemitismus unterschiedlich reagierten: geschockt, angewidert, wütend, mit Angst.

Mit den Jahren nahmen die Anfeindungen immer mehr zu. Und vielleicht wäre es mir nicht so bewusst geworden, wenn ich nicht immer wieder durch meine Freunde daran erinnert worden wäre, dass das alles nicht normal war. Einmal spielte ein sehr unheimlicher Mann in der U-Bahn einer Freundin und mir übel mit, weil er Juden für die Übel dieser Welt verantwortlich machte. Davon erzählte ich am selben Abend in der Runde, weil ich die Wortwahl des Mannes so kurios gefunden hatte und er eine neue absurde Verschwörungstheorie zum Besten gegeben hatte, die mir bislang nicht zu Ohren gekommen war. Besagte Freundin aber war völlig neben sich. Sie hatte zum ersten Mal in einen solchen gedanklichen Abgrund blicken müssen. Sie war erschüttert darüber, was der Mann Krudes und Gefährliches gesagt hatte, wie unberechenbar er schien. Und sie war noch immer verängstigt, obwohl die Situation schon mehrere Stunden zurücklag. Sie sagte, sie wisse nicht, wie ich das ständig mitmachen könne. Sie sagte, sie wisse nicht, wie ich mich daran gewöhnen konnte. Ich antwortete, ich wisse es nicht. Aber ich wusste es: Wenn etwas ständig geschieht, muss man sich daran gewöhnen. Ich konnte es nur noch nicht über die Lippen bringen.

BILDUNG GEGEN ANTISEMITISMUS?

Im Studium gab es immer wieder neue Situationen, an die ich noch nicht gewöhnt war. Bei der ersten Verleihung des NRW-Stipendiums musste ich lernen, dass auch die besonders Wohlhabenden, die besonders Intellektuellen, die besonders Mächtigen, die bei der illustren Veranstaltung zugegen waren, nicht vor antisemitischen Vorurteilen gegenüber Juden gefeit sind. Als ein äußerst einflussreicher Industrieller aus der Region an einen Stehtisch mit privaten Stiftern, anderen Stipendiaten und mir kam, klopfte er mir auf die Schulter und sagte: »Von den cleveren Juden ist also auch einer mit dabei!« Das werde ich nie vergessen. Vier Stipendiaten lächelten verhalten, einer musste lachen. Die beiden privaten Stifter am Tisch lachten ebenfalls. Aus Höflichkeit zwar, aber sie lachten. Ich stand einfach nur da. Ich sagte nichts. Ich verzog keine Miene. Ich war wie erstarrt. Selbst in einem solch vermeintlich aufgeklärten Kreis war dieses Gift anwesend. Noch dazu traute sich ein Mann mit solchem Einfluss, etwas so Herabwürdigendes zu sagen. Seine gesellschaftliche Position schien ihm weiszumachen, das alles, was er denkt und sagt, legitim und wahr ist.

Auch die jungen Hochschulpolitiker und Studierenden, die sich in den Jugendorganisationen ihrer Parteien organisierten, offenbarten mitunter gruselige Ansichten. Besonders bizarr blieb mir ein Streitgespräch mit einem jungen Grünen im Gedächtnis, der mir weismachen wolle, Antisemitismus sei aktuell – im Jahr 2009 – kein drängendes Problem. Er (ein Nichtjude) würde davon überhaupt nichts in seinem Alltag mitbekommen. Deshalb müsse man sich nicht explizit gegen Antisemitismus einsetzen. Leider stellte sich diese Haltung innerhalb und außerhalb der Universität als weit verbreitet heraus. Antisemitismus war für die meisten Menschen, mit denen ich sprach, ein Anachronismus, ein Kapitel aus dem Geschichtsbuch, so aktuell wie die napoleonischen Kriege. Vorbei mit der Shoah. Im Schatten dieses vermeintlich geschlossenen Kapitels konnte Antisemitismus erschreckend gut gedeihen – auch in intellektuellen Kreisen, auch in der Mitte der Gesellschaft.

EINE SEINER BLÜTEN: DIE BESCHNEIDUNGSDEBATTE

Ich weiß noch, dass ich die gelbe Stange in der Straßenbahn noch etwas fester versuchte zu umgreifen, als ein gewiss in anderen Kontexten sehr freundlich und ausgeglichen erscheinender junger Mann von der Universität mir solche Aggression und rohes Unverständnis entgegenspuckte, dass etwas in mir ins Wanken geriet. Der junge Mann machte einen Satz auf mich zu. Er wollte mir etwas antun.

Es war 2012, das Jahr der deutschen Beschneidungsdebatte. Der Diskussion darüber, ob eine Beschneidung aus religiösen Gründen Körperverletzung ist, entzündete sich nicht nur im Gerichtssaal, in den Medien und in der Politik. Aufgrund der einfachen Tatsache, dass ich eine Kippa trage und deswegen auf den ersten Blick einer Religion angehöre, die Beschneidungen bejaht, verfolgte mich diese Diskussion – bis in den Hörsaal und in die Straßenbahn. Vor dieser Zeit war ich nie offen als Stachel in der imaginierten Leitkultur dieses Landes betrachtet oder gar behandelt worden.

Doch in jener Straßenbahn 2012 nahm mir jemand mein

bloßes Jüdischsein übel. So übel, dass er, dieser junge Mann, mir zu nah kam, mich an der Schulter packte und nur wenige Zentimeter vor meinem Gesicht brüllte, Juden wären Kinderschänder, weil sie ihre Söhne als Säuglinge beschneiden lassen. Ein Furor war aus ihm herausgebrochen, der zu meinem Entsetzen auf fruchtbaren Boden unter den Mitfahrenden fiel. Eine junge Mutter stimmte aufgebracht ein, dass keine »Barbaren« ihre Kinder misshandeln dürften. Plötzlich war ich, ohne den Mund geöffnet zu haben, ein »Barbar«, der womöglich nichtjüdische Kinder misshandeln würde. Ein »Barbar«, ein »Kulturloser«. Zweifelsohne nicht Teil der deutschen Leitkultur. Eine uralte zentrale Tradition meiner Religion, die bis dahin nie für Aufregung gesorgt hatte, war jetzt zum scheinbaren Beweis von Fremdheit und Unterlegenheit geworden. Die Juden hätten eben doch fremde archaische Sitten, die nicht in die deutsche Leitkultur passen würden. Ich wurde 2012 ausgeschlossen – nicht nur von den Menschen in besagter Straßenbahn, sondern auch von all den anderen Menschen, die von der vermeintlich rechten, weil »natürlichen« Beschaffenheit eines Penis besessen schienen. Und so wurde mir mit der ganzen Unversöhnlichkeit begegnet, die man einem widernatürlichen Fremden entgegenbringt, den man nicht in seiner palisadenumzäunten Nachbarschaft haben möchte.

Ich habe mich nie so unwohl in diesem Land gefühlt wie in jenem Jahr. Ob Feuilleton, Fernsehen, Universität oder Supermarkt – überall offenbarte sich, wie anders, unzugehörig und fremd Jüdinnen und Juden wieder oder noch immer von vielen Menschen in Deutschland wahrgenommen werden. Meine Oma sagte mir damals, dass die Akzeptanz einer Minderheit innerhalb der Gesellschaft oder Kultur eines Landes gar nicht in ihren eigenen Händen liege, sondern im fragilen Wohlwollen der Mehrheit. Dieses Wohlwollen war auf erschreckend einfache Weise durch die Beschneidungsdebatte ins Wanken geraten und an so manchem Campus dieses Landes zeitweise verspielt worden.

NO FOOD, NO DRINK, NO JEW

Die Beschneidungsdebatte nahm ein gutes Ende, doch der Nahostkonflikt zwang mich periodisch dazu, an der Universität als Botschafter des Staates Israel herzuhalten, da man mich gern mit der israelischen Regierung verwechselte. Die Ironie war dabei, dass mich gerade diejenigen Studierenden, die nichts mit ihrer deutschen Geschichte, ihren deutschen Vorfahren zu tun haben wollten und stets betonten, sie hätten keine Verantwortung für die Shoah als etwas, das sie selbst nicht verbrochen hatten, gleichzeitig jeden Juden ganz selbstverständlich mitverantwortlich für die Politik des israelischen Staates machten. Diese mangelhafte Logik ist heute noch unter Studierenden, aber auch Dozierenden zu finden.

Es war erst 2018, als eine Beschäftigte der Münchner Universität an meiner Anwesenheit in einem Studierendencafé Anstoß nahm. Kurz vor dem Betreten des Studierendencafés trank ich eine kleine Flasche Cola und ließ mich dann an einem der vollbesetzen Tische mit meinem Laptop nieder, aß und trank aber nichts – was zugegebenermaßen unstatthaft ist. Ein paar Leute aßen etwas, einige tranken nur etwas. Aber ungefähr die Hälfte aller Anwesenden saß ebenfalls ohne Speis und Trank da. Die Menschen unterhielten sich miteinander, schauten aus dem Fenster, lasen in Aufzeichnungen oder Büchern oder verbrachten die Zeit vor ihren Laptops oder Handys.

Und dann war da diese Frau mit ihren Kolleginnen ähnlichen Alters am Kopfende des Nebentisches. Mitte vierzig vielleicht. Vermutlich Beschäftigte der Universität. Einige der Frauen aßen, andere nicht. Ich beantwortete ein paar E-Mails. Nach einer Weile war mir nach einer Pause zumute, also las ich Nachrichten aus aller Welt. Die Frau konnte auf meinen Bildschirm schauen, und ich bemerkte, wie sie mich argwöhnisch beäugte.

Als ich schließlich Nachrichten auf Hebräisch über Israel las und die Frau vom Nebentisch mit ihren Kolleginnen aufbrach, machte sie noch kurz Halt bei mir, um unter allen Anwesenden, Dutzenden von Menschen, die nichts aßen oder tranken, mir, genau mir und nur mir zu sagen, dass ich in diesem Café nichts zu suchen hätte, wenn ich nicht essen oder »meine Hausaufgaben richtig machen« würde, was sie noch einmal wiederholte. Der Ort sei nicht dazu da, dass ich dort »solche Nachrichten« lese. Ich fragte sie daraufhin, ob sie es nicht übergriffig fände, ausgerechnet zu mir an den Tisch zu kommen, der ich bloß lese, woraufhin sie nur erwiderte: »Nee, finde ich nicht übergriffig. Du gehörst hier nicht hin!« Sie zog mit ihren Arbeitskolleginnen ab. Und die jungen Studierenden an meinem Tisch schauten verdutzt und sagten: »Hä, was war denn mit der? Kanntest du die? Warum ist die so auf dich losgegangen?«, »Hat die dich beobachtet?«, »Hier essen doch die meisten nicht«, »Das war ja eine richtige Antisemitin«, »Das tut mir leid. Ich dachte zuerst, die kennt dich. Das klang so ... persönlich. Macht die dich hier vor versammelter Mannschaft fertig.« und »Krass. Das würde mir den Tag total vermiesen«.

Mein erster Gedanke war: Ich hoffe, diese Frau unterrichtet niemanden. Dann, mit Blick auf die Studierenden am Tisch: Vielleicht hat die ganze Berichterstattung der letzten Monate Menschen wirklich sensibler gemacht, was Antisemitismus angeht. Aber vor allem: Vor ein paar Jahren hätte sie sich das sicher nicht getraut. Und leider auch: Warum hatte ich nichts von meiner Cola übriggelassen? Dann hätte sie mich vielleicht in Ruhe gelassen. Aber das ist ein vergiftender Gedanke. Und womöglich hätte sie mich unter keinen Umständen in Ruhe gelassen. Außer ich wäre nicht in dieses Studierendencafé gegangen. Oder sie wäre es nicht.

DIE IM STAUB SCHLAFEN

An der Universität zeigte sich also deutlich, wie sehr Reflexion innerhalb und außerhalb der Hörsäle notwendig war: über den Platz jüdischen Lebens in der deutschen Gesellschaft, über die Teilhabe jüdischer Kultur an der deutschen Kultur, über die eigene Haltung zum Nahostkonflikt und generell zu Israel und die Haltung zur deutsch-jüdischen Geschichte. Mich prägten nicht nur Gespräche und Debatten mit anderen Studierenden, sondern auch die Studienreisen meines Instituts. Besonders im Gedächtnis ist mir ein Aufenthalt in Polen geblieben.

Als Kind hatte ich früh ein Bild von Polen vor Augen. Es war mein Angstland. Ich habe immer noch im Kopf, wie der Großvater meines lieben Freundes Nathan – er hatte das Warschauer Ghetto und zwei Konzentrationslager überlebt – mir immer wieder gesagt hatte: »Der polnische Boden ist Asche und Blut.« Asche und Blut. Das konnte ich nicht vergessen. Und zu Hause hörte ich Kassetten von alten, gespenstischen jiddischen Partisanenliedern, die mein Vater im Wohnzimmer aufbewahrt hatte und die vor allem eines besangen: den Tod.

Polen war das Land ohne Juden. Dreieinhalb Millionen Juden, die vor dem Krieg, vor der Shoah dort lebten und von denen drei Millionen ermordet wurden. Drei Millionen. Das ist keine Zahl in Menschenleben, die man begreift. Weder als Kind noch als Erwachsener. Mehr als ein Fünftel der polnischen Bevölkerung existierte nach dem Krieg nicht mehr. Die wenigen polnischen Juden, die überlebt hatten, wanderten in den Nachkriegsjahren fast alle aus. *Schindlers Liste*, den ich wohl in zu jungen Jahren gesehen habe, endet mit der grausamen Einblendung: »In Polen leben heute weniger als 4000 Juden. – Es gibt mehr als 6000 Nachkommen der Schindler-Juden [...].« Polen blieb für mich das Land von Auschwitz, Sobibor, Treblinka und Majdanek, Chelmno, Belzec und den Ghettos in Warschau, Lodz, Lemberg und Krakau. Das war eine rein geographische Zuschreibung. Denn natürlich blieb Deutschland das Land von Auschwitz und von den anderen Stätten der Vernichtung.

Ich lernte im Laufe der Jahre einige Juden mit polnischen Wurzeln kennen, deren Eltern oder Großeltern oder die selbst aus Orten stammten, die Ghettos wurden oder heute gar nicht mehr existieren, weil sie von den Deutschen völlig zerstört wurden. Von einem solchen verschwundenen Ort hörte ich mit zwölf Jahren zum ersten Mal. Ich weiß noch, wie ich mich fragte, wie das sein könne, dass jemand aus einem Ort stammt, den es einfach nicht mehr gibt. Ich stellte mir meinen eigenen Heimatort mit seinen Wohnhäusern, Geschäften, Straßen und Menschen vor, und mir wollte als Kind nicht in den Kopf, wie das alles verschwinden könnte. Komplett.

Heute gibt es wieder zwischen 30 000 und 55 000 Jüdinnen und Juden in Polen. Gemessen an dreieinhalb Millionen Menschen vor dem Krieg sind das sehr wenige. Überall im Land gibt es offenliegende Wunden der ehemals so reichen jüdischen Welt Polens, die ich mir selbst nie anschauen wollte. Asche und Blut.

Erst in den letzten Jahren erfuhr ich von nichtjüdischen Freunden mit polnischen Wurzeln allmählich von einem anderen Polen. Einem, das mir durch Anekdoten über gigantische Familienfeiern, zu süße Süßigkeiten, das hippe Warschau oder guten Alkohol nähergebracht wurde. Zwar hatte ich viel über das heutige Polen gelesen und etwa in Dokumentationen gesehen, doch erst die Erzählungen meiner Freunde setzten neben das Bild von meinem Angstland der Kindheit ein weiteres, ein freundliches Bild von Polen.

Meine Eindrücke nach vier Tagen in Polen schrieb ich in der Nacht nach dem Besuch in Tarnów, einer Stadt mit etwa 25 000 Juden (etwa die Hälfte der Einwohner der Stadt) vor der Shoah, auf. Von hier aus gab es die erste Deportation nach Auschwitz. Heute gibt es keine Juden mehr in Tarnów. Von ihnen blieben nur der jüdische Friedhof, die Ruine einer ihrer Synagogen, eine zu einem Restaurant umgewidmete Mikwe und ein paar Gedenktafeln. Die wenigen polnischen Juden heute haben sich einiges wiederaufgebaut, doch mein Eindruck nach unserer Reise fiel düster aus:

Wenn man den Tod des Judentums auf den Straßen Polens begreifen will, so gelingt dies nicht anhand von Ruinen, von Bruchstücken einstiger jüdischer Gebäude, sondern nur anhand der Abwesenheit der Juden, der Leere, dem Fehlen der dreieinhalb Millionen. Es gibt kein Judentum mehr in Polen. Es ist eben doch das Land ohne Juden. Von »fast ohne Juden« zu sprechen wäre vermessen. Es gibt Touristen und statistische Gespenster. Und große jüdische Festivals – und man rühmt sich ihrer – gänzlich ohne Juden. Festivals, die darüber hinwegtäuschen sollen, dass hier nur der Tod das Erbe der polnischen Juden ist. Alles andere wäre Illusion. Da ist nichts mehr, und da wird wohl nie wieder etwas sein. Die Deutschen morden in derartig riesigen und grausamen Dimensionen, dass ich ernsthaft am Konzept der Zivilisation zweifeln muss. Alles, was der Mensch Gutes, Kluges, Schönes in Literatur, Kunst, Philosophie etc. erarbeitet hatte, stellte sich im Angesicht jener Bestialität als wertlos heraus. Da gab es nichts, was der Mensch gelernt, ihn kultiviert hatte; oder er hatte es gewaltsam von sich gewiesen und seiner Nachkommenschaft beim späteren Anblick dieser Ausrottung nichts weiter überlassen wollen als Nihilismus und Schweigen.

In einer sehr bildhaften, kindlichen Vorstellung ersann ich früher oft, dass, wenn G'tt fassbar und nicht überall wäre, er sich sicher in den demütig schummrigen Synagogen und winzigen Betstuben verwinkelter Gassen osteuropäischer Orte niederlassen würde, um bei den Ausgestoßenen zu sein, seinem kleinen alt gewordenen Volk, ihm zu lauschen, wie es in seiner verwitterten Wüstensprache von Hoffnung betet, fleht. In den Ecken jener Synagogen und Betstuben, den Falten der Denkerstirnen alter jüdischer Männer mit langen Bärten, Torahrollen in schweren Samt- und Brokatmänteln und filigranen silbernen Ritualgegenständen vermutete ich die einzige Heiligkeit, die der Welt geblieben war. Der Rest, der noch ganz G'tt geweiht war. Das Wertvollste, das Schönste. Die größte Bezeugung von der Liebe zu G'tt, verbaut in steinernen und hölzernen Synagogen, geschlagen in silbernen Realien oder geschrieben auf hebräischem Pergament, von ihm auszurufen eben jene Liebe, ehrliche Treue.

Doch dieses Zeugnis aus heiliger Ästhetik und aufrichtiger Liebe – mir ist nichts bedeutender, schöner, anmutiger – wurde hier von Deutschen und auch von Polen vollkommen zerstört. Als hätten sie einen Engel – Sinnbild dessen, was rein und heilig ist, ein Geschenk, das, was G'tt von sich den Menschen mittels Boten preisgab – geschändet, gefoltert, ermordet und ausgeweidet. Wer würde denn etwa Waisenkinder ermorden? Und das mit bloßen Händen, indem man ihre zarten Köpfe immer wieder gegen eine Ziegelwand schlägt, bis sie aufbrechen, wie die Deutschen es in Krakau taten? Wer würde denn einen Säugling nackt und unter den bitterlichen Schreien seiner Mutter aus dem Fenster eines dritten Stockwerks werfen? Ja, wer könnte so etwas Abstoßendes nur tun? Was sind das nur für Menschen, die das, was gut, rein und unschuldig in der Welt ist, abtöten?

Ich habe mir Engel, als ich klein war, stets als groß gewachsene, aber zart zerbrechliche Gestalten mit Kindergesichtern vorgestellt. Und ich erwischte mich in Krakau, der nach Rom wohl katholischsten Stadt auf Erden, angesichts all der prunkvollen Kirchen, dem Meer aus Kreuzen, der Nonnen ohne Zahl, Priester, Mönche und Denkmäler, Museen und Werbeplakaten für Johannes Paul II. bei dem Gedanken an die Stätten, an denen ich als Kind G'tt zu verweilen vermutete. Und nun dachte ich: Hier macht er nicht Halt.

All die Kirchen und Kreuze, Nonnen und päpstlichen Denkmäler, die so verzweifelt offensiv etwas Heiliges heraufbeschwören wollen, lassen ihn nicht einkehren. So sehr sie sich auch bemühen. G'tt hat diesen Ort mit seinen Kindern zusammen verlassen. Kein synagogaler Stein, kein rituelles Silber, kein hebräisches Pergament mehr, die noch etwas Licht vom brennenden Dornbusch G'ttes eingefangen hatten. Die Deutschen hatten G'tt aus ihren Reihen und aus diesem Land mit aller Gewalt und Abscheulichkeit vertrieben.

In der Torah heißt es, G'tt weile bei seinem Volk Israel. Und der polnisch-jüdische Großvater eines guten Freundes hat gesagt, der Boden Polens bestünde aus Asche und Blut. Vielleicht also weilt G'tt doch noch hier – unter den Füßen der Kirchen und Nonnen und jüdischen Kulturfestivals ohne Juden in der Erde Polens. Bei den Millionen Toten, die ihm so sehr fehlen. Er steht den Ausgestoßenen nicht mehr in Synagogen und Betstuben bei, sondern in den vielen Massengräbern und unter den Feldern, auf die hebräische Asche rieselte. Ja, diesen Gedanken hatte ich. Und für einen Moment wenigstens erschien er mir trostvoll.

Ich kam verändert von den Tagen in Polen nach Deutschland zurück. Erst viel später lernte ich polnische Juden kennen, die heute ihr Bestes geben, im Kleinen jüdisches Leben in Polen zu schaffen. Dieses Unterfangen ist eigentlich kaum unwahrscheinlicher als dasjenige hier in Deutschland. Wie viele Juden mussten nach einem Besuch in Deutschland gedacht haben, dass hier jüdisches Leben nach der Shoah unmöglich sein würde? Und doch gibt es wieder Jüdinnen und Juden in Deutschland, selbst wenn sie für alle Generationen nur Exoten geblieben sind – auch an der Universität.

5

AULEM UND AMALGAM – VON JÜDISCHEN WORTEN UND JÜDISCHEN WELTEN

Schon einmal neues Geschirr oder sich selbst getauwelt, getowelt? Die Küche vor Pessach gekaschert und später darin Fleisch zubereitet, das der Schochet zuvor getreibert oder geporscht hatte? Und das Fleisch dann vor dem Verzehr am Tisch gebentscht? Zum Daw(n)en in die Synagoge gegangen, um die Kohanim duchnen oder den Rabbi darschen zu erleben? Und selbst einmal dort gelejnt oder geleint?

Wörter gehen oft spurlos verloren. Sie werden durch Synonyme ersetzt, verstauben in nicht mehr gelesenen Büchern oder werden kaum oder gar nie aufgeschrieben. Zig Begriffe aus Jagd und Forst, dem Angeln, dem Metzgerhandwerk, der Landwirtschaft sind abhandengekommen, seit Menschen weniger selbstverständlich mit diesen Bereichen zu tun haben – oder haben Sie schon einmal etwas von Altschneider, Zibbe und Kapaun gehört? Meist sind ganz allmähliche Prozesse am Werk, die zum Wandel einer Gesellschaft dazugehören. Bei den Verben aus dem ersten Absatz, die alle aus einem religiösen jüdischen Kontext sind, hätte das auch der Fall sein können: der Prozess der Säkularisierung, der Verweltlichung, die fortschreitende Distanzierung und das Verlernen von religiösen Praxen, hinzukommend die Akkulturation oder Assimilation an die umliegende Gesellschaft. Das hätte die Entwicklung in Deutschland sein können, so wie sie in einigen anderen Ländern zu beobachten ist.

Doch in diesem Land hat die Shoah diese Wörter mit ihren jüdischen Sprechern ausgelöscht. Die nichtjüdischen Deutschen mussten und konnten nach dem Krieg diese auf dezidiert jüdische Kontexte beschränkten Verben nicht tradieren. Deshalb werden sie nun alle von der automatischen Rechtschreibkorrektur rot unterschlängelt, als hätte ich sie mir ausgedacht oder mich verschrieben. Im Duden findet man kein einziges von ihnen; wie auch in einem Buch, das den derzeitigen typischen deutschen Sprachgebrauch abzubilden versucht? Es ist so, als hätte es diese Wörter nie gegeben. Auch in jüdischen Gemeinden hört man nur noch wenige von ihnen. Die Älteren nutzen sie eher als die Jüngeren, die Religiöseren eher als die weniger Religiösen. Schülerinnen und Schüler hören sie oft von mir das erste Mal, weil schon ihre Eltern sie nicht mehr aus einer religiösen oder kulturellen jüdischen Umgebung erfahren konnten.

Wenn eine jüdische Infrastruktur vernichtet wurde und all die Menschen, die sie belebt haben, ermordet wurden und es mindestens zwei, an den meisten Orten sogar drei Generationen braucht, um eine einigermaßen funktionale jüdische Infrastruktur wiederherzustellen und diese mit neuem Leben zu füllen, ist es nur verständlich, dass in zwei oder drei langen Generationen Traditionen, Gepflogenheiten und eben auch Wörter und Wendungen verlorengehen. Wir erinnern uns an verstorbene Menschen, können meist ihre Gräber zur Erinnerung besuchen, haben Mahnmale, die an abgebrannte oder eingerissene Synagogen, ehemalige Häuser und Wohnungen, Schulen, Institute von Juden erinnern. Aber durch den Krieg verlorengegangene Wörter haben weder Grab noch Mahnmal.

Vor der Shoah nannten viele deutsche Jüdinnen und Juden ihre Kultusgemeinden Aulem, in westjiddischer Aussprache des hebräischen Wortes für Welt. Die jüdische Gemeinde war die eigene kleine Welt. Heute sprechen wohl im ganzen Land nur noch eine Handvoll sehr betagter jüdischer Menschen vom Aulem, viele Gleichaltrige würden schlichter von Kehile, Gemeinde, reden. Ein älterer Herr in einem jüdischen Elternheim fragte mich einmal, ob mit dem Verlust dieses Wortes denn nicht die Welt, die es bezeichnet, ganz verschwinde. Und wäre das Wort umgekehrt dann nicht auf irgendeine Weise in der Lage, diese Welt heraufzubeschwören, sodass die jüngeren Generationen wieder innig von ihrem Aulem sprechen würden?

Viele dieser Verben sind nicht nur praktisch, weil sie ganz bestimmte Handlungen beschreiben, sie tragen auch interessante Herkunftsgeschichten in sich oder klingen einfach niedlich. Etwas bentschen bedeutet beispielsweise, etwas in einem jüdischen Kontext rituell zu segnen. Man bentscht das Essen, bevor man es isst. Und man bentscht am Tisch gemeinsam nach einer Mahlzeit, um sich bei G'tt für eben diese zu bedanken. Bentschen ist ein jiddisches Verb, das vom lateinischen Wort benedicere herrührt.

Beim Tauweln – oder auch Toweln oder Teuweln, je nach Dialekt – taucht man entweder sich selbst oder Besteck und Geschirr in der Mikwe, dem rituellen Tauchbad, oder in ein sogenanntes lebendiges Gewässer unter. Ein Mensch macht das zur rituellen Reinigung etwa vor der Hochzeit, nach der Menstruation, nach Ausflüssen, nach der Entbindung, manche vor Jom Kippur, vor jedem Monatsbeginn oder sogar vor jedem Schabbat. Geschirr und Besteck erfahren durchs Tauweln vor ihrer Erstbenutzung zu Hause nebst einer rituellen Reinigung auch durchaus so etwas wie eine Weihung.

Kaschern macht etwas – zumeist eine ganze Küche oder Küchenbestandteile vom Ofen bis zur Kuchengabel – wieder koscher, also wieder erlaubt und zum Verzehr geeignet. Treibern oder porschen heißt, aus Fleisch (von den meisten erlaubten Tieren) diejenigen Bestandteile herauszuschneiden, die Juden zum Verzehr nicht gestattet sind: allerlei Venen, Sehnen, die Spannadern und einige Fette. Das jiddische Porschen stammt ebenfalls aus dem Lateinischen von purgare, reinigen.

Dawnen oder Dawen ist Beten, beschreibt aber durchaus auch das Halten eines G'ttesdienstes. Während des G'ttesdienstes oder hinterher beim Essen kann der Rabbi darschen, predigen. Das Wort »predigen« gibt vor, dass der Rabbi dasselbe macht wie der Pastor in der Kirche. Aufbau, Länge, Funktion und Vortragsweise sind aber anders. Daher ist es so praktisch und sinnvoll, ein anderes Wort dafür zu haben (wie auch beim Bentschen).

Am Schabbat oder an den Feiertagen wird aus der Torah gelesen, was man indes leinen oder lejnen nennt, obwohl diese beiden jiddischen Verben ebenfalls »lesen« bedeuten. Allerdings wird die Torah ja nicht schnöde vorgelesen, sondern nach einem speziellen Notationssystem singsangend vorgetragen, eben geleint oder gelejnt, je nach Dialekt. An den wichtigsten Feiertagen ist es in einem deutschen Aulem zudem üblich, dass die Kohanim – diejenigen, die qua väterlicher Abstammung zur Priesterkaste gehören – den Betenden (man hört es selten, aber das sind dann die Dawners oder Mitdawners) den Priestersegen (den es in deutscher Übersetzung auch in den christlichen Kirchen zu hören gibt) spenden; sie duchnen also. Das Verb kommt vom Duchan, einer Erhöhung im Betraum, von der aus die Kohanim duchnen.

Und selbstverständlich funktionieren viele dieser Verben in der Übertragung auf andere Lebensbereiche. »Gut gedarschent!«, mag man so entweder ernst oder ironisch jemandem zurufen, der tatsächlich etwas inspirierend ausgeführt hat oder in einen langen Monolog verfallen war. Das Wichtige aber ist, dass diese Wörter für ihr Fortbestehen die Chance bekommen, die ihnen bislang verwehrt worden ist: sie wieder fit für den Gebrauch machen, sie zur Aneignung, Kultivierung und Fortentwicklung wiederentdecken, lehren und freigeben, damit man beim Finden und Leben der eigenen Religion und Kultur ein hilfreiches Vokabular im Kopf und auf der Zunge hat – und so auch etwas vom alten Aulem wieder erweckt.

WAS VOM AULEM ÜBRIGBLIEB

Auch wenn in meinen Jugendjahren nur marginale Überbleibsel jüdischen Lebens in den umliegenden Kleinstädten existierten und man für mehr Judentum weit über eine Stunde nach Münster fahren musste, gab es dort immerhin eine Synagoge mit wöchentlichem G'ttesdienst und einigen anderen Gemeindeaktivitäten.

Das eigene Jüdischsein und das jüdische Gemeindeleben waren äußerst privat. Zu groß war die Angst vor dem Anecken, dem Auffallen, dem Herausfallen und natürlich vor dem Antisemitismus, der immer wieder Synagogenwände oder die Grabsteine der Vorfahren heimsuchte. Die koschere Ernährung war so dezent wie möglich vor anderen einzuhalten, fürs Foto der Kreiszeitung wurde die Kippa abgesetzt, und über die Shoah sprach man besser nicht. Die Synagogen, die ich in meiner Kindheit und Jugend kennenlernte, waren zumeist in Wohnsiedlungen gelegen: klein, schlicht, mit wenig von außen sichtbarer jüdischer Symbolik gekennzeichnet.

In der Synagoge kommen Juden zum G'ttesdienst zusammen und wissen dabei die Schechina, die Gegenwart G'ttes, in ihrer Mitte. Deshalb gab es bereits Synagogen, lange bevor der Tempel in Jerusalem zerstört wurde und die Diaspora begann, weil Juden in anderen Teilen der damaligen Welt auch außerhalb Israels G'tt nah sein wollten. In einem der Wochenabschnitte, in die die Torah – die fünf Bücher Moses – nach jüdischer Tradition unterteilt sind, liest man einmal im Jahr in der Synagoge etwas Erstaunliches über das Juden heilig-heimische Land Israel. Im Wochenabschnitt Wajigasch im ersten der Bücher Moses begleiten die Lesenden und Hörenden einen Abschnitt im Leben Ja'akovs, den spätere Generationen auch Jankev oder Jakob nennen sollten. Ja'akov erhält die Kunde, dass – entgegen seiner Annahme – sein liebster Sohn Jossef noch lebe und in Ägypten weile. Er zögert zunächst zu handeln, da er aus seiner Heimat Israel gehen müsste, die sein Großvater Avraham von G'tt erhalten hatte und sein Vater Jitzchak – Isaak – zu seinen Lebzeiten ausdrücklich nicht gen Ägypten verlassen durfte. Ja'akov sucht nach Vergewisserung in Be'er Scheva, wo er G'tt ein Opfer darbringt. G'tt versichert seinem treuen Diener daraufhin, dass er Ja'akov auf der Suche nach seinem Sohn sogar nach Ägypten begleiten werde.

Etliche Jahrhunderte und Generationen später folgert der Gelehrte Nahum Sarna im 20. Jahrhundert aus dieser Episode seines biblischen Urahns Ja'akov, dass G'tt keine territorialen Beschränkungen kenne und seinem Volke Israel treu folge. Es gebe folglich nach jüdischer Vorstellung zwar heiligen Boden und ein heiliges Land, das den Juden eine Heimat sein könne, doch das Land Israel habe keinen Anspruch darauf, den einzigen Zugang zu G'tt zu ermöglichen.

Deshalb können Juden auch in Deutschland leben und beten. Unsere Gemeinden hier sind aber nicht mehr der deutsche Aulem, sondern ein Amalgam aus Juden unterschiedlichster Herkunft. Nahezu alle Juden in diesem Land haben einen Migrationshintergrund. Sie sind entweder selbst aus den Staaten der ehemaligen UdSSR eingewandert oder leben hier als deren Kinder oder Enkel. Andere stammen aus Polen, Ungarn, Rumänien, waren Displaced Persons oder Geflüchtete, die sich vor Nachkriegspogromen oder politischer Bedrohung in Sicherheit brachten. Manche haben Eltern aus dem Iran, andere aus Frankreich, den USA, Argentinien oder Israel. Bei wenigen jüdischen Familien fehlt ein solcher eindeutig nachzuvollziehender Migrationshintergrund. Egal, wie viele Generationen man zurückzugehen versucht, ihre Ahnen haben immer in Deutschland gelebt, vielleicht seit dem frühesten Mittelalter oder bereits davor. Jedenfalls so lange, dass das Empfinden, die eigene Familie sei weniger im Land angestammt als eine nichtjüdische deutsche Familie, die erklärtermaßen seit jeher immer schon »deutsch« war, völlig abwegig wäre.

Jenseits bloßer Herkunft unterscheiden sich Gemeinden und Individuen in ihrer Zugehörigkeit zu verschiedenen Strömungen oder gar keiner Verortung oder Religiosität. Die Meinungen zu bestimmten Themen sind in den jüdischen Gemeinden ebenso divers wie außerhalb von ihnen.

Natürlich gibt es auch eine Vielzahl von Jüdinnen und Juden, die mit den jüdischen Gemeinden gar nichts zu tun haben, weil sie es nicht wollen oder nicht können, etwa weil sie sich zwar selbst als jüdisch begreifen, aber aus halachischer, also religionsgesetzlicher Perspektive gar nicht jüdisch sind. In vielen Gemeinden ist man indes darum bemüht, Personen nur mit jüdischem Vater, die nach traditioneller Definition Nichtjuden sind, nichtjüdische Partner von Juden und andere Personengruppen wie LGBTQIA-Menschen zu inkludieren.

Während die jüdischen Gemeinden von der großen Klammer »Judentum« zusammengehalten werden und die Juden in diesem Land um ihre Unterschiedlichkeit in Bezug auf Herkunft, Sprache, Strömung, Religiosität, Hautfarbe wissen, ist das vielen Außenbetrachtern herzlich gleichgültig. Den meisten nichtjüdischen Menschen ist es egal, ob sich unter der Kippa ein charedischer (ultraorthodoxer) Jude verbirgt, eine liberale Jüdin, ein atheistischer Jude, der die Kippa bloß trägt, weil er Gast auf einer jüdischen Hochzeit ist, oder sogar ein Nichtjude. Das Gleiche gilt für die Träger von Davidsternketten oder die Menschen, die in der Öffentlichkeit Hebräisch sprechen.

Alle Individualität ist für den Blick so vieler nicht vorhanden, die dann einfach den Juden schlechthin sehen. Alles Weitere spielt häufig in meinem Alltag im Verständnis der Menschen, die mir begegnen, keine Rolle. Meine Kippa macht sie blind für meine anderen Eigenschaften. Für Antisemiten habe ich überhaupt keine anderen Eigenschaften. Keine eigene Geschichte.

NUR ÜBER MEIN LAKEN!

Derweil geht es in den jüdischen Gemeinden ständig um Unterschiede, im Guten beim Zelebrieren von Vielfalt, aber auch im Schlechten bei Auseinandersetzungen, die sich oftmals in Form eines *Clash of Cultures* ereignen. Gerade zwischen den in Deutschland alteingesessenen Juden und den Juden der ehemaligen UdSSR gibt es allerlei Reibungspunkte und Missverständnisse. In meine jüdische Gemeinde in Westfalen kamen etwa einige jüdische Familien aus dem Kaukasus, aus Aserbaidschan, um genau zu sein. Anders als viele andere Juden aus der ehemaligen Sowjetunion brachten die meisten von ihnen innige religiöse Vorstellungen und gut gepflegte Rituale mit. Sie brachten sich auch umgehend voller Tatendrang ins religiöse Gemeindeleben ein.

Ich war allerdings sehr perplex, als mich eine aserbaidschanische Frau als Religionslehrer bat, ihre ehelichen Bettlaken in den Torahschrein zu legen. Ich hielt es zunächst für einen schlechten Scherz, ausgerechnet benutzte Bettwäsche in den Schrein mit den Torahrollen zu legen, die derart heilig sind, dass Menschen sie nicht einmal mit ihren Fingern berühren dürfen. Und da sollte ich nun Bettwäsche hineinlegen? Die Frau erklärte mir ernst und aufrichtig, dass es in ihrer Heimatgemeinde im fernen Kaukasus üblich war, auf diese Weise das Eheleben wieder in Schwung zu bringen. Einerseits hatte ich Verständnis für ihren Leidensdruck und wollte ihr auch Respekt vor diesem Brauch zollen, andererseits widerstrebte mir diese Handhabe als für diese Mystik wohl zu rationaler deutscher Jude. Stattdessen sprach ich mit ihr über ihre Probleme, empfahl ihr einen

Psalm zum Trost und lud danach ihren Mann zu einem gemeinsamen Gespräch ein. Der sträubte sich. Ihm wäre als Lösung die Variante mit dem Bettlaken im Torahschrein ohne Frage lieber gewesen.

DAS EIGENE IM FREMDEN

Die Vielfalt begreife ich aus eigener Erfahrung als große Bereicherung. Ich war schon einige Male im belgischen Antwerpen, um dort hebräische und jiddische Bücher oder koschere Lebensmittel zu kaufen oder einen jüdischen Feiertag zu verbringen. Antwerpen ist eine wunderschöne Stadt mit einem großen jüdischen Viertel. Ich erinnere mich noch ganz genau an meinen ersten Besuch dort. Es war ein unwirklich heißer Sommertag, der in der schwülen Hitze zwischen Beton, Asphalt und Ziegel kaum auszuhalten war. Ich schaute den vielen chassidischen Herren in schwarzer Kleidung, mit langen Bärten, Pejes (Schläfenlocken) und breitkrempigen Hüten zu, wie sie geschäftig die Straßen entlanggingen. Ich hörte, wie einige von ihnen einen südöstlichen Dialekt des Jiddischen miteinander sprachen; eine jüdische Sprache, die sie genau wie ihre traditionelle Kleidung aus Osteuropa mit nach Antwerpen gebracht haben. Sie trugen Tallitot, Gebetsmäntel, bei sich. Sie kamen womöglich gerade aus einem Lehrhaus oder einer Synagoge, die sie Schil nennen, und hatten vor Minuten noch in aschkenasischer Aussprache hebräische Gebete gesprochen und gesungen.

Ihre Ahnen haben ihren Glauben aus dem Lande Israel, ihrer ältesten Heimat, mit nach Osteuropa gebracht. Und von dort weiter, nach Flandern, mit Kleidung und Bräuchen aus der anderen alten Heimat, die vielleicht das russische Zarenreich oder die Bukowina gewesen sein mag. Sie haben noch immer hebräische Vornamen, ihre chassidischen Dynastien tragen noch immer die Namen der osteuropäischen Städte, aus denen sie stammen, und ihre Nachnamen sind allzu oft deutsch; zurückgehend auf die Juden, die im Mittelalter von deutschsprachigen Städten, vor allem gen Polen aufgebrochen sind, um sich dort ein besseres Leben aufzubauen. Ein Blick auf ihre Migrationswege ist auch ein Blick auf eine Kette temporärer Heimaten.

Ich schaute die chassidischen Herren an, deren Religion – obgleich nicht Strömung – ich teile, und staunte über die Vielfalt, die Vielschichtigkeit unserer jüdischen Identität. Ich sah die Unterschiedlichkeit, musste aber immer wieder an unseren gemeinsamen Ursprung denken, den wir im biblischen Narrativ verorten. Hätte ich meine Kippa nicht getragen, hätten die Herren wohl nicht einmal bemerkt, dass ich ebenfalls jüdisch bin. Auch mit ihnen aus Ägypten ausgezogen war.

Mein erster Eindruck vom jüdischen Viertel in Antwerpen war so eindrücklich, dass ich ein Gedicht als Reflexion meiner eigenen jüdischen Identität schrieb:

ANTWERPEN

Stätte meines Geistes auf blutleerem Boden.
   Nur du bist noch geblieben.
Es wandert ein Meer schwarzer Vettern durch dich.
Sie sind mir Fremdeigene. Lebende Vorfahren
   ohne Familienzug.
Sie sehen mich gar nicht. Und ich mich.

Zwischen ihren langen Bärten
Und tief ins Gesicht gezogenen Hüten
Blicken mich fordernde Augen an.
Sind es meine?

Ihre Lippen sprechen unsere heilige Wüstensprache,
Umgeformt von eisigen Winden eines Zarenreichs,
   das lang schon begraben.
Die Fellhüte, ihnen zum Mahnmal schwerer Zeiten,
Gehen auf und nieder in der brennenden Sonne.

Zwischen Schreien und Säuseln immerfort
   heimelnde Klänge
Als verklingendes Echo eines fahlgrauen Landes,
Das mich zeugte und mir seine Sprache lieh.

Ich bin hier so falsch wie ich hier richtig bin.
Bin ihnen näher, als ich mir selbst bin.
Und stehe still aus Ehrfurcht vor ihrer
   ununterbrochenen Treue,
Vor dem Versuch, ein Stiftszelt auf Sand zu bauen.

Ich aber streife noch immer durch die Wüste
   in der Art der Fremden
Und halte Treue nur in Gedanken. Ein Rudiment
   mein Stiftszelt, das mit mir wandert!
Ich bin einsam in mir selbst. In ihren Gassen
   und in meinen.

Doch blickt einer von ihnen in der Nacht
   gen Himmel,
Tut er es vielleicht mit meinen Augen.

Und zählt die Sterne, die Er gebildet, mir zum letzten Kompass.

Stätte meines Geistes auf blutleerem Boden. Nur du bist noch geblieben.
Es wandert ein Meer schwarzer Vettern durch dich.
Und ich, ich wandere mit.

DER AULEM ALS FAMILIE

Jüdische Gemeinden werden oft als die eigene erweiterte Familie beschrieben. Das klingt romantisierend, trifft aber auf das Empfinden vieler zu. Nach der Shoah konnten Menschen, die fast all ihre Familienmitglieder verloren hatten, wenigstens im jüdischen Gemeindehaus Feiertage feiern, die sie sonst im Kreise ihrer Familie verbracht hätten, gemeinsam essen und Zeit verbringen. Hier galt es, den Partner zum Gründen einer eigenen Familie zu finden. Auch heute ist die jüdische Gemeinde für viele Jüdinnen und Juden die erweiterte oder zweite Familie. Und diese Familie ähnelt einer, von der mir meine Oma einmal erzählt hat.

Eine gute Freundin meiner Oma hatte sich in den siebziger Jahren mit ihrer Schwester über den Mann, den diese zu heiraten beabsichtigte, zerstritten. Er war Grieche, was ihre deutsche lutherische Familie, allen voran ihre Schwester, nicht tolerieren konnte. Die beiden Schwestern sollten dreißig Jahre lang nicht miteinander sprechen. Sie erlebten nicht miteinander, wie sie schwere Krankheiten überstanden, Berufe wechselten, Kinder bekamen, umzogen, Hobbys und Einstellungen änderten, Erfolge feierten, geliebte Menschen beerdigten, Großeltern wurden und von der fatalen Dummheit sprachen, die eigene Schwester aus Intoleranz und Starrsinn verloren zu haben.

Eines Tages saß besagte Freundin im Wohnzimmer meiner Oma, während ich – ich muss zwölf oder dreizehn Jahre alt gewesen sein – ein Buch las und dabei Schokolade aß. Sie erzählte meiner Oma, dass sie gehört habe, dass ihre Schwester, nachdem sie etwa zwanzig Jahre am anderen Ende der Republik wohnte, wieder in die Nähe gezogen sein soll. Ihr Ehemann soll verstorben sein, und so hätte es sie zurück in ihre alte westfälische Heimat gezogen, womöglich ja eine Sehnsucht nach der verlorenen Schwester. Die Freundin meiner Oma suchte Rat, wusste nicht, was sie tun sollte, und bekundete, sie würde so gern ihre Schwester besuchen, doch sei die Möglichkeit auf Vergebung und Wiedergutmachung ja längst verstrichen. Ich weiß noch, dass ich ihre Ohnmacht als Jugendlicher nicht begreifen konnte. Warum sollte man seine eigene Schwester nicht besuchen können wegen etwas, das vor dreißig Jahren vorgefallen war?

Dabei speisten sich ihre Angst und Unvermögen natürlich nicht aus dem damaligen Streit, sondern aus dem Verpassten und Verspielten. Was sie da überhaupt noch tun könne, fragte sie meine Oma. »Als es fünf vor zwölf war, damals in den Wochen eures Streits, hättet ihr das alles vermeiden können. Aber nur weil es jetzt weit, weit nach zwölf ist, heißt das nicht, dass du dir kein Herz fassen kannst. Du hast deine Schwester verstoßen und kannst vieles nicht mehr nachholen. Es ist passiert. Aber du kannst jetzt trotzdem dein Bestes tun, um deinen Fehler gutzumachen und deiner Schwester wieder eine Familie zu bieten. Das schuldest du ihr sogar.« Oder anders gesagt: Das Kind konnte längst in den Brunnen gefallen sein, aber das durfte niemals ein Grund sein, nicht doch noch zu versuchen, es wieder herauszuholen.

Die gute Freundin meiner Oma saß noch zwei- oder dreimal in der großmütterlichen Stube und sprach weitere Male über ihre Angst vor der Begegnung mit ihrer Schwester, bevor sie sich durchringen konnte, sie aufzusuchen. Ihre Adresse wusste sie längst. Es war ein kleines Häuschen, in dem sie mit ihrem Mann zu Beginn der Ehe gewohnt hatte, bevor sie es aufgab, weil sie es nicht ertragen hatte, dass ihre in der Region äußerst präsente Familie sie verstoßen hatte und in der Öffentlichkeit ignorierte.

Sie klingelte an der Tür und es öffnete – ihr totgeglaubter griechischer Schwager. Sie musste ziemlich entsetzt gewesen sein, dem lebenden Toten zu begegnen. Sie hatte sich erfreut gezeigt, obwohl sie vor allem verunsichert gewesen war. Bevor sie irgendetwas anderes sagte, fragte sie, ob auch ihre Schwester zu Hause wäre. Doch in eben jenem Moment, den ihr Schwager darüber nachdachte, wie er beginnen sollte, war ihr sofort klar, dass es ihre Schwester war, die gestorben war. Die Gerüchte hatten sich in der Person geirrt.

Die Freundin konnte meiner Oma ein paar Tage später nicht mehr sagen, was ihr Schwager gesagt hatte. Sie wusste nicht, wie lang sie ihm zugehört hatte, wann und wie ihre Schwester gestorben war oder wann sie sich umgedreht hatte, um in ihr Auto zu steigen und bitterlich zu weinen. »Es war doch zu spät«, hörten meine Oma und ich sie vorwurfsvoll schluchzen. »Für euch war es das«, entgegnete meine Oma mitfühlend, doch bestimmt, »aber nicht für dich und deinen Schwager und ihre Kinder, so sie es denn wollen.«

Ich weiß nicht, wie sie es angestellt hatte (meine Oma weiß es auch nicht mehr), jedenfalls gelang es ihr aber allmählich, zu ihrem Schwager und ihren Nichten ein gutes Verhältnis aufzubauen. Ihre Nichten und deren kleine Kinder habe ich selbst einmal kennengelernt, als sie zu Besuch kamen. Da hat sich die Freundin meiner Oma rührend um Nichten und Großnichten und -neffen gekümmert. Sie sollte später sogar ihren griechischen Schwager pflegen, bevor er nach langen Jahren schwerer Krankheit verstarb. Sie hat, wie sie immer wieder betonte, sich selbst um ihr Familienmitglied kümmern wollen. »Ohne Wenn und Aber«, fügte sie stets hinzu. Ich hatte lang angenommen, sie hätte sich aus Schuldgefühlen heraus um ihn gekümmert, aber als ich sie einmal von ihrem Schwager sprechen hörte, war es mir offenbar, dass es aus nichts weniger denn Liebe geschah.

Ich besuchte im Dezember 2019 zum dritten Mal den Gemeindetag, das jüdische Pendant zum Kirchentag. Ich mag daran besonders die Gemeinschaft mit den Anwesenden und die Gespräche mit ihnen, den gemeinsamen Schabbat, die vielen Mahlzeiten und dass man sich in den stattfindenden Panels und Gesprächsrunden kritisch mit der Gesellschaft, den Gemeinden und sich selbst auseinandersetzt. Man hält sich wenig mit Schönreden auf, sondern spricht Tacheles.

Im Gespräch mit Jüdinnen und Juden aus ganz unterschiedlichen Gemeinden, aus diversen Familien und Lebenssituationen, mit verschiedenen Einstellungen, Voraussetzungen, Geschichten und Wünschen musste ich immer wieder an diese gute Freundin meiner Oma denken: wie unfair sie jemanden behandelt hatte, der zur Familie gehören sollte und wollte, wie sie mit ihm auch andere aus ihrer eigenen Familie verstieß, wie viel sie deshalb verpasste und verlor, wie viel Potential sie verschwendete, wie sehr sie ihre Familie damit schwächte, welch hohen Preis sie dafür zahlen musste, wie sie es nicht richtig wiedergutmachen konnte, wie sehr sie das aber versuchte und dann doch viele Wunden heilen konnte, wie sie Verschmähte und Verstoßene wieder zurück in ihre Familie holte und wie viel mehr Liebe so in ihr Leben kam.

Dies ist auch die Geschichte unzähliger, wenn nicht gar aller Gemeinden in diesem Land. Wir haben lang, über Jahrzehnte hinweg, Mitglieder unserer Gemeinden, unserer Familien, verschmäht, marginalisiert, unsichtbar gemacht, ignoriert, verletzt, an den Rand oder aus unseren Gemeinden gedrängt: Frauen, LGBTQIA-Juden, Juden mit Behinderung, Juden of Colour, sogenannte Vaterjuden, in der vermeintlich falschen Strömung Konvertierte und Juden in interreligiösen Beziehungen und Familien. Wir verwehren zum Teil noch immer Juden in interreligiöser Beziehung das passive Wahlrecht in den Gemeinden und erhalten eine Atmosphäre, in der nichtjüdische Partner lieber zu Hause gelassen werden – und mit ihnen oftmals auch halachisch jüdische Kinder. Wir kündigen noch immer viel zu oft homosexuellen Rabbinern, Erzieherinnen und Lehrkräften oder sagen Eltern mit schwulem Sohn, sein Freund sei beim Gemeindeseder an Pessach unerwünscht.

Wie oft folgt aus Unsicherheit, Unwissenheit oder Voreingenommenheit zu schnell ein Verbot? Weil man es derart ungewöhnlich findet, dass der Mitbetende schwarz ist und einen Aufruf zur Torah möchte, den man ihm aber verwehrt, weil es doch keine schwarzen Juden gibt. Und wo soll die transidente Person in einer orthodoxen Synagoge beten – unten bei den Herren oder auf der Empore der Dame? Am besten nirgends, heißt es dann zu oft leichtfertig. Und kann der Sohn mit Trisomie 21 seine Bar Mizwa feiern? Lieber nicht, denn was gäbe es dann für ein Gerede!

Wie es sich jüdelt, so christelt es sich. Wir machen die gleichen Fehler wie andere Religionsgemeinschaften und Organisationen. Und wir machen sie schon viel zu lange. Jüdische Gemeinden sind leider auch wie Dorfgemeinschaften: mal mit hundert, mal fünfhundert, mal 7000 Einwohnern, aber immer, egal wo, überschaubar. In diesen Dörfern wird getratscht und aus Unsicherheit, was Jüdischsein sein soll, sein kann oder sein muss, konservieren wir unabhängig von der Halacha, unserem Religionsgesetz, die Geisteshaltung unserer Eltern und Großeltern und damit vor allem den Zeitgeist der fünfziger Jahre. Das wird in den Gemeinden dann leider vielfach mit »Tradition« oder »traditionellem Judentum« verwechselt.

Beim Gemeindetag 2019 hatte ich zum ersten Mal den Eindruck, dass viele Vorstände, Geschäftsführende und andere Funktionäre allmählich begriffen, dass Veränderungen notwendig und gut sind. Mir fiel auch auf, dass zum ersten Mal, seit ich den Gemeindetag besuche, Menschen über LGBTQIA-Themen sprachen. Eine Organisation dazu war präsent, queere Juden zeigten sich offen, ein profilierter orthodoxer Rabbiner hielt einen versöhnlichen Schiur zum Thema Homosexualität. Und Personen, mit denen ich mich vor einigen Jahren unterhalten hatte, sprachen plötzlich von der bis dahin nie erwähnten dritten Tochter, die lesbisch ist. Ich erfuhr von einem Kind, das transident ist und seit fünf Jahren aus Scham anders genannt wird. Und, dass ein Mann sich scheiden ließ, weil er sich als schwul geoutet hatte und nicht weil er seine Ehefrau mit einer anderen Frau betrogen hätte.

Im Laufe der Zeit haben mehr Gemeindemitglieder als je

zuvor begriffen, dass wir Verstoßene und unsichtbar Gemachte um Vergebung bitten, wieder in unsere Mitte zurückholen und wir mehr Menschen ins Gemeindegeschehen inkludieren müssen. Zum einen ist dieses inkludierende Vorgehen schlicht das, was unser jüdisches Ethos uns abverlangt. Zum anderen ist es eine Notwendigkeit für die Zukunft: Wir brauchen alle Jüdinnen und Juden und ihre Familien, um unsere Gemeinden zu erhalten. Jede und jeder stärkt das Gemeindeleben. Warum für nichts eine Schwester verlieren, wenn man stattdessen weitere Familienmitglieder dazugewinnen kann?

MANCHE WORTE DÜRFEN GERN DAS ZEITLICHE SEGNEN

Erinnern Sie sich noch an eines der Wörter zu Beginn dieses Kapitels? Bentschen oder porschen etwa? So sehr der jüdischen Welt diese Begriffe heute fehlen, können wir zugleich froh sein, dass uns ganz andere Begriffe und Redewendungen im Deutschen abhandengekommen sind. Wirft man einen Blick ins Deutsche Sprichwörter-Lexikon, das kürzere und längere Redewendungen des 19. Jahrhunderts versammelt, findet man unter dem Wort »Juden« mehr als 170 Redewendungen aus dem Hochdeutschen, verschiedenen deutschen Dialekten und Übersetzungen, die in Deutschland bekannt waren.

Die Redewendungen über Juden, die nicht antisemitisch waren, kann man an einer Hand abzählen. Viele Sprichwörter waren derart widerlich, dass sie einem heute die Sprache verschlagen: Nach dem Juden riechen; er hat Juden (= Angst); da hat der Jude draufgespuckt; wo viele Juden sind, sind viele Diebe; Juden und Krämersleut sind des Teufels seine Freud; Jud und Weib sind ein Leib (Juden seien effeminierte Männer, Frauen wiederum so charakterschwach wie Juden); einem Juden glaube nicht, auch wenn er vom Himmel wäre; der Juden Fall, der Christen Heil; der Jude nimmt eine Ohrfeige, wenn er sie umsonst bekommt, aber er gibt keine, wenn er nicht etwas dabei verdient; der Jud kommt (zum Erschrecken); über Juden und Flöhe schreien viele Wehe. Und so weiter. Leider sind gerade in Dialekten noch ein paar dieser Redewendungen erhalten geblieben. Doch im Großen und Ganzen sind sie auf dem Müllhaufen der Geschichte gelandet. Die meisten Menschen heute haben glücklicherweise noch nie auch nur einen dieser Sprüche gehört.

Die meisten Menschen in diesem Land können, wenn sie eine jüdische Person anhand einer Kippa oder eines Davidsterns erkennen, nicht zwischen einer aserbaidschanischen Dame, einem Antwerpener Chassid oder mir unterscheiden – wir sind dann alle nur *der* Jude. Einige haben dabei, ob sie es wollen oder nicht, die Bürde der Geschichte im Hinterkopf, die Verantwortung, die Scham, mitunter Wut darüber, diese Bürde tragen zu müssen. Mit den Jahren erlebe ich es immer häufiger: Tabula rasa. Antisem...? Holo...? Jude? Was ist das auf deinem Kopf? Jüdische Klischees unbekannt. Judentum und Juden sind weit, weit weg vom Erleben der meisten Deutschen heutzutage. Für viele sind wir nur eine Legende. Man mag zurecht darüber klagen, wie viel über eine Weltreligion in Vergessenheit geraten ist, über eine lange gemeinsame Geschichte, über den Zivilisationsbruch Shoah. Wenn aber einem Menschen keine antisemitische Redewendung mehr einfällt und man mit einem Juden ebenso wenige Vorurteile verbindet wie mit einem Sikh oder Jain, dann darf man froh sein, einen Neustart zu versuchen.

6

UNTERWEGS – DER GOY FÄHRT HEUTE ABWEICHEND VON IHREM GLEIS

Ich stehe am Bahngleis und höre Musik. Es ist ein ziemlich schwüler Mittwochnachmittag. Einer dieser Tage, für die man einst die Sommerferien erdacht hatte, damit Schüler und Lehrer nicht in stickigen Klassenräumen über Algebra, Fontane oder – wie in meinem Fall – Talmudverse brüten müssen. Doch die Sommerferien sind längst vorbei, zumindest kalendarisch ist Herbst, und ich bin für meinen Religionsunterricht auf dem Weg von Münster in ein kleines ostwestfälisches Städtchen. Einmal in der Woche fahre ich zwei Stunden mit dem Zug dorthin, und zwei Stunden abends wieder zurück. Eigentlich wäre das in Ordnung. Ich würde das Bahnfahren mögen, müsste man sich seinen Zug nicht für gewöhnlich mit anderen Menschen teilen.

Wenige Meter neben mir am Gleis steht eine Reisegruppe vergnügter Deutscher mittleren Alters. Schlohweißes oder hellbraun verblichenes Haar, bei allen kurz geschnitten, kurzärmlige karierte Hemden, geblümte Blusen, Drahtbrillen, derbes Schuhwerk, robuste Gesichtszüge. Ich kann nicht hören, was die Mitglieder der Reisegruppe sagen. Ich höre absichtlich ziemlich laut Musik. Nicht, weil ich Musik am liebsten besonders laut höre, sondern weil Ohrstöpsel, aus denen auch von außen hörbar Musik ertönt, mir als Schutzschild dienen. Mit den Jahren habe ich gelernt, dass lautes Musikhören für fremde Menschen eine höhere Hemmschwelle bildet, um mit mir in Kontakt zu treten. Niemand will oder kann jeden Tag – oder gar mehrfach täglich – für Fremde bei den immer gleichen Fragen nach dem eigenen Glauben, intimsten Familienhintergründen oder politischen Konflikten in der Levante Rede und Antwort stehen.

Ich schaue der Reisegruppe neben mir also nur zu, als einer von ihnen mit der einen Hand wild gestikulierend irgendeine Schote zum Besten zu geben scheint, während er die andere Hand immer wieder napoleonesk vorn in seine Hose taucht. Die Umstehenden blicken ihn gebannt an, hängen an seinen von einem akkuraten Schnäuzer halb verdeckten Lippen. Zwei der Zuhörer aber schauen auffordernd zu mir herüber.

Als ich beginne, einen Brownie zu essen, winken die beiden mit ihren Butterbroten, die sie lächelnd essen, in meine Richtung. Ich schaue konzentriert nach unten auf mein Essen und ahne Schlimmes. Sie haben die Fährte unlängst aufgenommen.

Als ich wieder aufsehe, stehen die zwei, eine Dame und ein Herr, vor mir.

»Guten Tag. Sprechen Sie *Deutsch*?«, spricht mich der Herr sehr laut, sehr langsam und sehr deutlich an.

Ich nehme die Kopfhörer aus den Ohren und hole tief Luft. Den halben Tag hatte ich im karibisch heißen, fensterlosen Wartezimmer eines Zahnarztes verbracht und musste dann mit dem Rad zum Bahnhof spurten und hektisch nach einem Abstellplatz suchen, was am Bahnhof von Münster, der Stadt der Myriaden von Fahrrädern, kein leichtes Unterfangen ist.

Jetzt erst atme ich aus.

Ich: »Ja. Fließend in Wort und Schrift.«

Die Dame: »Sie sind ja ein Witziger!«

Ich sehe, dass die Anzeigetafel plötzlich 15 Minuten Verspätung anzeigt. Ich muss verdammt sein.

Der Herr: »Sind Sie mit Ihrer Familie hierher als Kontingentflüchtlinge gekommen? Aus Russland oder der Ukraine? Sie stellen ja die Mehrheit der Juden jetzt in unserem Land, wissen Sie?«

Das weiß ich. Ich bin mit ihnen aufgewachsen. Na da hat wohl jemand mal eine Doku im WDR gesehen oder einen Artikel in der FAZ zur Hand gehabt, wie? Und auch wenn mich der Mann nun erwartungsvoll anschaut, weil er von mir ein Lob hören will, bekommt er dergleichen nicht.

Ich: »Nein. Geboren und aufgewachsen in diesem Land. Genau wie meine Eltern, deren Eltern und deren Eltern. Und deren Eltern. – Kommen Sie aus Schlesien?«

Die Dame: »Nein, nein, wie kommen Sie denn darauf?«

Ich: »Ich meinte so etwas in Ihrer Aussprache herausgehört zu haben.«

Habe ich nicht. Die beiden kommen zweifelsohne aus Ostwestfalen.

Der Herr: »Ich war mir nicht sicher, ob Sie von hier sind oder woanders. Und als Sie Ihren ›Braun-nie‹ rausgeholt hatten, da packte uns doch die Neugierde, woher Sie stammen.«

Ich: »Wegen eines Brownies? Hätte ich eher eine Bratwurst essen sollen? Das kommt bei unsereins eher selten vor.«

Der Herr: »Ah, ja, ja! Weil die dann nicht ...«

Er macht eine Spannungspause und schaut mich wieder so erwartungsvoll an. Er möchte unbedingt gelobt werden.

Er: »... *koscher* wäre, richtig?«

Ich schaue zur Anzeige mit ihrer unveränderten Verspätung. Warum enttäuschst du mich nur so, Anzeigetafel?

Er: »Nicht ganz koscher, wie man sagt. Sagt man doch so. Richtig?«

Ich: »Genau. Aber nach Ihrem Verdacht hätte ich ja aber auch Blini essen müssen, nicht wahr?«

Der Herr schaut irritiert.

Er: »Wieso? Ist das auch ... *koscher*?«

Ich: »Jain, osteuropäisch. Wie die Kontingentflüchtlinge.«

Sie: »Ja, ja, ich kenne das Gericht. Wissen Sie, mein Mann und ich haben uns so gefreut, hier einen jungen Mann mit jüdischer Kopfbedeckung zu sehen.«

Er: »Das sieht man ja so selten. Die tragen ja auch so wenige. Warum bloß?«

Sie: »Ja, warum bloß?«

Ich: »Es gibt ja auch nicht mehr so viele.«

Sie: »Ja, die müssen Sie sicherlich im Ausland kaufen.«

Ich: »Nein, Juden. Davon gibt es nicht mehr so viele.«

Beide sind einen Moment lang still.

Ich: »... und man muss die Kippa auch nicht ständig oder sichtbar tragen.«

Er: »Oh ja, ja, das war mir bekannt.«

Nein, war es dir nicht, Ostwestfale! Sonst hättest du nicht gerade noch: »Warum bloß?«, gefragt.

Sie: »Wir haben uns jedenfalls sehr gefreut und wollten hallo sagen. Und mein Mann hat noch zu unserer kleinen Truppe gesagt, dass wir uns in Deutschland wirklich beglückwünschen können, dass wir hier einiges richtig gemacht haben und wieder, ja ich sag mal, einen Juden sehen können.«

In freier Wildbahn. Help me, Moses! Jetzt schmeckt mir mein Brownie wirklich nicht mehr. Ich lege ihn zurück in meine Tasche. Und hole noch einmal tief Luft.

Ich: »Wirklich ein Grund sich zu beglückwünschen, nicht wahr? Sie sollten sich in Ihrer Reisegruppe die Hände reichen und einander beglückwünschen. Denn entweder – und ich muss sagen, ich zweifle nur leicht daran – haben Sie etwas richtig gemacht, weshalb ich hier stehe, oder aber irgendwelche anderen Deutschen vor Ihnen haben ihren Job eben nicht richtig gemacht. Vielleicht stehe ich ja einfach nur deshalb hier und kann meinen Brownie essen. Denn sonst würde hier vielleicht ein blonder Schlesier stehen und Bratwurst essen.«

Die beiden scheinen einen Moment lang nachzudenken, und ich hoffe, dass sie mir vielleicht zugehört haben und verstehen, dass es frech ist, historische Kausalitäten umzuinterpretieren. Meine Oma sagt gern, dass die Wahrheit wie eine Dornenrose ist: Will man sie, muss man in Kauf nehmen, dass sie nicht nur schön ist, sondern auch wehtut. Dass es hierzulande überhaupt Juden gibt, ist vor allem dem völlig unwahrscheinlichen Überleben weniger zu verdanken, die nach dem Krieg aus gesundheitlichen, politischen, sprachlichen oder wirtschaftlichen Gründen in Deutschland blieben. Das individuelle Leben ging weiter, und das jüdische Gemeindeleben formierte sich gegen einige Widerstände zaghaft neu. Es wäre ein paar Jahrzehnte später wohl wieder eingegangen, hätte die Bundesrepublik nicht in den neunziger Jahren beschlossen, jüdische Kontingentflüchtlinge aufzunehmen. Ob das Ehepaar darüber auch Bescheid weiß?

Da schüttelt der Herr plötzlich den Kopf und schmunzelt irritiert:

»Also, wir kommen ja nicht aus Schlesien. Wir sind aus Ostwestfalen!«

»Sie sind wirklich ein Witziger«, fügt seine Gattin lachend hinzu.

Der Zug fährt ein. Heute schaffe ich es nicht mehr, den beiden einen anderen Blick auf unsere Geschichte und Gegenwart zu geben. Vielleicht muss ich das auch gar nicht. Lieber gönne ich ihnen ihre Freude ob der Begegnung mit einem der letzten Orang-Utans auf Borneo, während ich jetzt einen Schnaps gebrauchen könnte. Ob nun Wodka oder Jägermeister, ganz egal. Ist beides koscher.

REISE IN DIE VERGANGENHEIT

Meist kann ich die falsche Annahme, ich könnte aufgrund der Kippa auf meinem Kopf gar nicht deutsch sein, genau wie gefährliches Halbwissen über Juden ganz gut parieren. Das Ehepaar der Reisegruppe hatte ja nichts Böses im Sinn. Es hatte es sich bloß mit den Zuschreibungen und der belasteten Geschichte zu leicht gemacht – und mir damit ganz schön schwer. Oft kann ich diese Mischung aus Verkennen und Aberkennen weglächeln, aber nicht nach einem Vormittag beim Zahnarzt und dreißig Grad im Schatten. »Schlechte Laune lädt schlechte Gäste ein«, wie mein Opa stets zu sagen pflegte.

Wenn man einige Stunden früher als sonst aufstehen muss und der Wecker eine Uhrzeit anzeigt, die man eher mit der Nacht als mit dem frühen Morgen verbindet, ist das auch nicht sonderlich förderlich für die gute Laune. Es ist vier Uhr nachts, und ich packe noch rasch letzte Dinge für eine Tagesreise nach Spiekeroog, eine der kleinen Eilande in der Nordsee. Es ist der 27. Januar, der Shoah- oder Holocaust-Gedenktag. Vor mehr als siebzig Jahren wurde das Konzentrations- und Vernichtungslager Auschwitz von den Sowjets befreit. Er ist einer der Tage, an denen in den jüdischen Gemeinden, aber auch in der nichtjüdischen Öffentlichkeit der Shoah gedacht wird. Ich hatte immer das Gefühl, dass es Gedenktage gibt, die mehr der deutschen Öffentlichkeit gehören, weil sie von dieser vereinnahmt werden, und solche, die ich mehr als Trauertage innerhalb der jüdischen Familien und Gemeinden erlebe. Tischah beAv, der jüdische Volkstrauertag, und Jom haShoah, der israelische Shoah-Gedenktag, werden nur von Jüdinnen und Juden begangen. Der 27. Januar und der 9. November, der Tag der Reichspogromnacht, müssen geteilt werden, weil sie von öffentlichem Interesse sind und daher leider allzu oft von Politikern vereinnahmt werden.

An diesen Tagen gibt es zahlreiche Gedenkveranstaltungen im Bundestag, in Rathäusern, Schulen und Kirchen. Einige Veranstaltungen finden unter Mitwirkung von Überlebenden, deren Angehörigen oder von offiziellen Vertretern jüdischer Gemeinden statt, bei anderen Gedenkveranstaltungen sind keine Juden anwesend. Entweder weil sich keine finden oder weil man sie nicht einlädt. Gedenkveranstaltungen zur Auschwitz-Befreiung oder zur Reichspogromnacht ohne die Anwesenheit von Juden fand ich immer schon seltsam, unangenehm – ja einfach falsch. »Da trauern die Deutschen wieder herzlich unter sich«, ätzte mein Onkel J., wenn er in der Zeitung wieder einmal von einer Veranstaltung ohne Juden las.

Für mich ist es daher Ehrensache, jede Einladung zur

Teilnahme an einer Gedenkveranstaltung anzunehmen. Deshalb sitze ich im Zug nach Spiekeroog, wo ich in einer Schule über die Zeit nach der Auschwitz-Befreiung spreche. Die Fahrt dauert mehrere Stunden. Dreimal muss ich umsteigen, bevor ich die Fähre zur Insel nehmen kann. Diese so bedeutungslose Insel und ihre noch heute bezeichnend schlechte Erreichbarkeit stehen für das systematische Morden während der Shoah. Kein Fleck in Deutschland, kein Fleck in Europa blieb unerreicht. Sogar im höchsten Norden Norwegens, im winzigen 270-Seelen-Dorf Ekne, wird heute der Opfer der Shoah gedacht. In Ekne war das Konzentrationslager Falstad, in dem Juden und politische Gefangene von den Deutschen ermordet wurden. Jeder noch so unerreichbare, noch so unbedeutende Ort wurde aufgesucht, um die jüdischen Männer, Frauen und Kinder zu holen und zu töten.

Ich denke während der Fahrt über die penible Akribie dieses Mordens nach und darüber, was ich den jungen Schülerinnen und Schülern des Inselinternats und den älteren Insulanern diesbezüglich vermitteln könnte. Ich tippe Wörter wie »Schrecken«, »Verantwortung« und »unbegreiflich« und betrachte sie lange auf dem Laptopbildschirm. Und als könnte der alte Mann, der mir am Tisch gegenübersitzt, meine Gedanken lesen, beginnt er aus dem Nichts ein Gespräch.

Er: »Eines muss ich Ihnen ja wirklich lassen …!«

Ich schaue nicht von meinem Laptop auf, weil ich mir zunächst sicher bin, dass er den Herrn neben mir anspricht.

Er: »Entschuldigung!«

Ich schaue nun doch auf. Der Herr neben mir schläft.

Er: »Ja, Sie. Man muss Ihnen ja eine Sache wirklich lassen.«

Ich: »Mir?«

Er: »Dem Juden.«

Oh weh, denke ich, das kann doch nichts werden. Warum habe ich nur aufgeschaut? Und warum fahre ich nicht einfach überall mit dem Taxi hin?

Er: »Man muss dem Juden wirklich lassen, dass er den Krieg gewonnen hat. Sah nicht gut aus, und jetzt sitzen Sie doch hier.«

Ich: »Ich weiß nicht so recht, was ich sagen soll. Ihre Aussage ist ... obskur und auf verschiedenen Eben misslich und falsch, auch stereotyp.«

Ich wollte nicht »antisemitisch« sagen. Das Wort triggert oft noch mehr Wahnsinn. Der alte Mann schaut mich auffordernd an und macht eine läppische Handbewegung, die mir bedeuten soll, dass ich mich erklären möge. Ich hole tief Luft.

Ich: »Von Gewinnen oder Verlieren bei einem Krieg zu sprechen, funktioniert nur soweit, wie man an fixe Kriegsparteien glaubt, von denen die Partei mit den wenigsten Verlusten am Ende ›gewonnen‹ haben soll. Juden waren keine Kriegspartei im Zweiten Weltkrieg. Es gab jüdische Deutsche, jüdische Italiener, Franzosen, Briten, Amerikaner, Polen, Russen und so weiter, die sich in unterschiedlichen Situationen im Krieg wiederfanden: vor allem jüdische Frauen, Kinder und Männer, die man in KZs ermordet, vor ihren Haustüren erschossen oder in ihren Dörfern lebendig verbrannt hat, polnisch-jüdische Partisanen oder russisch-jüdische, amerikanisch-jüdische und britisch-jüdische Soldaten, die später dann gegen die Deutschen gekämpft haben und die besagten KZs mit befreit haben und sahen, was man ihren Glaubensgeschwistern angetan hatte. Sechs Millionen Jüdinnen und Juden sind ermordet worden. Von einem Sieg zu sprechen ist daher zynisch. Da Zweidrittel aller jüdischen Europäer ermordet wurden, müsste man eher sagen, dass wir am stärksten verloren haben. Und von völlig zerstörter, untergegangener jüdischer Kultur in den meisten Ländern Europas spreche ich noch gar nicht. Wofür soll ich, der ich Ihnen gegenübersitze, also ein Beweis sein? Höchstens dafür, dass einige Menschen eben doch überlebt und Nachkommen bekommen haben.«

Er: »Aber es ist ja nicht so, als hätte der Jude nicht auch aktiv und bewusst den Krieg gelenkt!«

Ich: »Tut Ihnen das gut, so etwas zu glauben oder zu sagen? Wenn Juden den Krieg so wunderbar für sich gelenkt hätten, wie kommt es dann, dass sechs Millionen von ihnen industriell ermordet wurden?«

Er: »Die Deutschen waren ja dahintergekommen, dass die Juden die Völker lenken.«

Ich: »Oh, so viel Macht! Und deshalb haben die Deutschen dann Frauen und Kinder erschossen, mit Krankheiten infiziert, verhungern lassen oder verbrannt? Ich habe einmal einen Überlebenden mit zwei Eheringen kennenlernen dürfen. Der eine Ring stammte aus seiner ersten Ehe, die er kurz vor Ausbruch des Krieges geschlossen hatte. Seine Frau war hochschwanger, als die Deutschen in sein Dorf bei Satu Mare kamen, das heute ein Teil von Rumänien ist. Zwei deutsche Wehrmachtssoldaten hielten seine Frau fest, während ein weiterer Soldat mit einem Messer immer wieder in ihren Bauch einstach. Dann haben sie seine Frau angezündet und verbrennen lassen. Die Deutschen zwangen ihren Mann, das alles mit anzusehen. Klingt nicht gerade nach einem Völkerlenker, oder?«

Zuerst ist Empörung im Gesicht des alten Mannes zu sehen. Er setzt zu einem Einspruch an, hält dann aber doch inne. Ich bin verwundert. Ich hatte ein Wort fallengelassen, das in ihm etwas ausgelöst hat.

»Wehrmacht?«, fragt er nach.

Irritiert bestätige ich: »Wehrmacht.«

Der alte Mann verfällt in Schweigen, schaut suchend aus dem Fenster und murmelt vor sich hin. Das Wort hat womöglich seine Logik vom Krieg gebrochen. Vielleicht hat ihn diese grausame Geschichte aber auch plötzlich dazu gezwungen, den Juden als Mensch zu denken. Oder aber sie hat etwas in ihm ausgelöst, das ich gar nicht erahnen kann.

Ihm kommen die Tränen.

Ich: »Ja, weinen Sie nur. Ich habe ja gesagt, dass es im Krieg nicht um Gewinnen und Verlieren geht. Ein berühmter Rabbiner schrieb einmal: ›Im Krieg gibt es immer nur einen Sieger: den Tod.‹ Also freuen Sie sich, dass Sie den Krieg überlebt haben und in diesem Zug sitzen können. Aber gratulieren Sie in Zukunft keiner jüdischen Person sarkastisch, dass sie Ihnen trotz allem gegenübersitzen kann. Es könnte sein, dass Sie dann jemanden mit einem solchen Irrsinn mehr verletzen als mich.«

Der alte Mann schaut noch immer aus dem Fenster. Zaghaft nickt er. Seine Augen suchen noch immer nach Antworten in der vorüberziehenden Landschaft.

Eine Stunde später muss ich aussteigen. Während ich meine Sachen für den letzten Umstieg zusammensuche, wendet der alte Mann seinen Blick vom Fenster ab und betrachtet angestrengt seine großen fahlweißen, zu Fäusten geballten Hände. Er ist merklich nervös. Ich ahne, wie sich hinter seiner zitternden Unterlippe Worte zum Abschied drängen, aber nicht heraustrauen.

»Ich wünsche Ihnen noch eine gute Weiterfahrt«, helfe ich ihm.

Er: »Ja? Danke Ihnen. – Ich, Sehen Sie … Sie haben mir …«

Ich lege den Gurt meiner Tasche über die Schulter, versuche, ihn ermutigend anzusehen. Doch der alte Mann schaut nicht auf.

»Schon gut. Gute Reise«, seufzt er.

Ich deute ein Lächeln an und stelle mich in die Schlange der Menschen, die gleich ebenfalls umsteigen wollen. Ich stehe, was die Verabschiedung nur unangenehm verlängert, nun direkt neben der Schulter des alten Mannes.

Als der Zug zum Halten kommt, sich die Türen öffnen und die Menschen in Bewegung setzen, schaut er zu mir hoch und öffnet hilflos seine Fäuste.

Und sagt bloß: »Mein Vater.«

EIN KÖLSCH BITTE

Wenn es in Zügen Tische gibt, setze ich mich an sie, auch wenn sich Gespräche über die Shoah ergeben können. Ich stelle meinen Laptop nämlich ungern auf meine Knie, und mein Essen will respektvoll abgelegt werden. Meist trage ich auch im Zug mein Schutzschild in den Ohren.

Auf einer Fahrt durch Nordrhein-Westfalen gen Süden teilt ein ausgesprochen freundliches, waschechtes Kölsches Ehepaar einen Tisch mit mir. Kurz vor der zweiten Station nach Antritt ihrer Reise erscheint ein sichtlich angespannter Schaffner und springt ungeduldig und schroff mit ihnen um, weil sie ein paar Fragen zu ihren Fahrkarten stellen. Die ältere Dame, die bis zu dieser Begegnung stets gelächelt hat, sieht nach der Verabschiedung des Schaffners – »Jetzt packen Sie mal alle Ihre Tickets weg! Ist schon alles richtig, wie ich das mache … Und genießen Sie einfach Ihre Fahrt hier, ja!? Meine Güte!« – sichtlich verletzt aus und schaut eine Weile stumm aus dem Fenster.

Der Schaffner hatte sie beschämt, ihre Fragen als belanglos und idiotisch abgetan, so als wäre Zugfahren nichts für ältere Menschen, nichts mehr für sie. Vielleicht ist sie aufzuheitern. Ich suche das Gespräch, unterhalte mich mit dem Paar – verschweige selbstredend vor den Kölnern, dass ich lange in Düsseldorf gelebt hatte – und google ihre Fragen zu den Fahrkarten, die der Schaffner allesamt unbeantwortet ließ. Wir alle regen uns etwas auf, nicht wirklich ernsthaft, sondern wie eine emotionale Übung und lachen danach gelöst. Die beiden essen ein paar Kekse, ich entschuldige mich zurück zu etwas Arbeit, die mich auf meinem Laptopbildschirm anstarrt.

Ich tippe vor mich hin, lese etwas und höre dabei Musik. Irgendwann beginne ich, mich beobachtet zu fühlen. Zuerst ist es ein vages Empfinden, doch dann stelle ich fest, dass ich tatsächlich sehr angestrengt von zwei jungen Frauen schräg gegenüber beobachtet werde. Sie reden miteinander, was ich dank meiner Kopfhörer nicht hören kann. Aber was mir entgeht, nervt offenbar nach einigen Minuten den älteren Kölschen Herrn neben mir. »Leever Jott! Ija doch, d'r Fetz es a Jüd. Jenooch Rötsel jerode!«, ruft er aus und klopft mir dabei kräftig brüderlich auf die Schulter – und erinnert so alle Menschen um uns herum daran, wofür man die Rheinländer so schätzt. Jede Jeck is eben anders, deshalb braucht es darum kein Aufsehen. So zumindest in der Theorie.

Die Praxis verlangt noch einen Schulterschluss, der die Andersartigkeit überwinden soll, weshalb die Kölsche Dame bei nächster Gelegenheit denselben fragenunverträglichen Schaffner, der mittlerweile noch entnervter zu sein scheint, um drei Kölsch für ihren Mann, sich und mich bittet. Ich will reflexartig einflüstern, dass der Schaffner das gewiss wegen fehlender Zuständigkeit nicht machen wird. Und tatsächlich wiegelt er sofort ab und erklärt den beiden, als würden sie noch einen Kindergarten besuchen, was man in einem Zug verlangen dürfe und was nicht. »Dann bringen Sie sich selbst doch noch ein Kölsch mit«, erwidert die Dame auf Hochdeutsch, als wären seine schroffen Worte von ihr abgeperlt. Der Schaffner lacht kurz verlegen, erklärt, dass er das gern tun würde, es im Zugbistro aber ohnehin kein Kölsch gebe. Der ältere Herr winkt den Schaffner wortlos fort, schaut seiner Frau vielsagend in die Augen, schaut daraufhin mich verschmitzt an und zieht aus einer Tasche drei Kölsch hervor. Die seien zwar nicht sonderlich kalt, aber besser als das Bier aus dem Bistro, scherzen die beiden und stoßen mit mir an. Et hätt noch emmer joot jejange.

DAFÜR GIBT ES DOCH AUCH EIN GRIFFIGES WORT

Ein junger Mann neben mir im Zug bemerkt – weil meine Musik zu laut und die Ohrstöpsel anscheinend zu schlecht isoliert sind –, dass ich gerade den einen großen Erfolgshit von Panjabi MC höre. Er tippt mich freundlich an, um mich aufzuklären, dass das Lied *Cultural Appropriation* wäre, also kulturelle Ent- und Aneignung, und er immer gedacht hätte, Juden wären in diesem Bezug sensibler. So wie Juden bei allen Unrechten stets sensibler sein sollen? Ich atme tief ein. Moses, erwischt mich dieser Mensch gerade auf dem falschen Fuß! Zunächst weise ich ihn daraufhin, wie dämlich sein verallgemeinernder Kommentar über die vermeintliche kulturelle Sensibilität der gesamten Judenheit ist (offenbar hat er nie meinen Onkel J. kennengelernt ...). Darüber hinaus erzähle ich ihm, warum Deutschland zusammen mit Polen Weltmeister in Bezug auf *Cultural Appropriation* von jüdischer Kultur ist. Da wären etwa nichtjüdische Schriftsteller, die sich des Kommerzes wegen jüdisch klingende Pseudonyme zulegen, jüdische Kulturfestivals ohne Juden, evangelische »Gedenk«-G'ttesdienste in ehemaligen Synagogen oder Menorot (der Plural von Menorah) in Kirchen. Ob es wiederum auch kulturelle Aneignung ist, wenn deutsche Hipster »Bagel mit Schmear und Lox« (also mit Frischkäse und Lachs) anbieten, weil es keine jüdischen Delis gibt, die dieses Gericht anbieten, weil man dafür hierzulande zu viele Juden ermordet hat, bin ich noch unentschieden. Der junge Mann im Zug schaut mich irritiert an und versichert mir, dass er mit all dem doch nichts zu tun habe. Ich atme aus. »Ganz genau«, sage ich, »ich auch nicht.«

Dann erzähle ich ihm, dass Panjabi MC tatsächlich Wurzeln in Punjab hat und sich hinter seinem Pseudonym nicht etwa Rowan Atkinson verbirgt. Er schaut mich an, als wisse er nicht, von wem ich rede. »Mr. Bean?«, frage ich versichernd nach. Keine Reaktion. Ich rede weiter. Es sei also nicht so, wie wenn sich ein Deutscher einen Pueblo-Traumfänger – noch dazu aus Peking – als Deko vor die mit Wischtechnik orange gestrichene Wohnzimmerwand hängt. Der junge Mann stutzt und erklärt mir seinen engen und aufrichtigen Bezug zu seinem Traumfänger als Heranwachsender. Dieses Gespräch ist sinnlos, denke ich. Ich versuche, mit einem Scherz das Gespräch zu beenden. »Wenn ich genauer darüber nachdenke, hast du bei dem Lied, was die *Cultural Appropriation* angeht, doch Recht.« Er strahlt sofort über beide Ohren. »Aber nur«, führe ich fort, »wenn man Knight Rider für Kultur hält. Aber das tut natürlich niemand.« Er sieht nachdenklich aus. Er scheint zu jung zu sein für die Pointe.

Den Rest der Fahrt überlege ich, ob ich den Begriff *Goysplaining* prägen sollte. Das ist, wenn ein Nichtjude enttäuscht von der mangelnden Moral eines Juden ist und ihn deshalb zu einem besseren Menschen erziehen möchte. Aber ich fürchte, der Begriff steht schon im Talmud.

ICH GLAUBE, DAS A STEHT FÜR ANTISEMITISMUS

Man kann das Leben nicht immer in vollen Zügen genießen. Vor allem in Regionalzügen nicht. Im Zug zu sitzen, was ich zwei Jahre lang mehrfach in der Woche tat, scheint die beste Gelegenheit für einen Juden zu sein, um in seltsame Gespräche mit verkappten oder offenen Antisemiten zu geraten. Manches Mal wickeln sich diese Gespräche auch um mich herum. Dann wird nicht mit mir, sondern über mich gesprochen. Die gemeinsten Antisemiten wollen nicht einmal mehr mit einem Juden sprechen, um irgendein Schuldeingeständnis von ihm zu erzwingen. Er darf lediglich noch der Gegenstand ihrer Tiraden sein oder aber soll bei seiner zufälligen Anwesenheit zum Voyeur ihres Durchschauens vermeintlicher Verschwörungen sein. So geschah es einmal auf dem Weg von Münster nach Minden im Regionalzug.

Ich sitze in einem Abteil mit drei AfD-Anhängern, die auf einem Viererplatz sitzen. Zwei von ihnen sitzen mit dem Rücken zu mir. Der Dritte wiederum starrt mich konsequent zuerst misstrauisch, dann demonstrativ verachtend an und beginnt, den beiden mir abgewandten Personen zu berichten, wen er einige Plätze weiter vor sich im Blickfeld hat: einen echten Juden, der da »schamlos sitzt, als wäre er einfach ein unschuldiger Reisender« im Zug! Er redet sich weiter warm:

»Leute wie die kennen wir mittlerweile ja ziemlich genau. So ein Goldman-Sachs-Jude oder Israeli, der hierherkommt und in großem Stil deutsche Firmen einkauft, um sie zu ruinieren, und uns Mahnmale in deutsche Städte baut, damit wir uns schlecht fühlen und alles mitmachen, was der Jude von uns will. Das hat der Björn Höcke schon richtig entlarvt, wie es läuft.«

Seine Mitreisenden pflichten ihm bei jedem dritten Wort laut und verärgert bei.

Björn Höcke, Fraktionsvorsitzender der AfD in Thüringen, hatte das Shoah-Mahnmal für die ermordeten Jüdinnen und Juden Europas in Berlin als »Denkmal der Schande« und die deutsche Erinnerungskultur als »dämliche Bewältigungspolitik« bezeichnet. Daher solle Deutschland eine »erinnerungspolitische Wende um 180 Grad vollziehen«, also aufhören, an die Verbrechen der Nazis zu erinnern, womöglich sogar aus deutschen Tätern Opfer machen.

Björn Höcke gehört zu einer großen Gruppe innerhalb der AfD, die aus Geschichtsrevisionisten, Shoah-Leugnern, Antisemiten und Rassisten besteht. Dazu zählen auch viele andere prominente und einflussreiche Politiker der AfD. Ihr Bundessprecher Jörg Meuthen etwa unterstützte nicht nur die Aussagen seines Parteifreundes Höcke, sondern forderte zusammen mit seiner Fraktion im baden-württembergischen Landtag, die finanzielle Unterstützung für die KZ-Gedenkstätte Gurs zu streichen. Er sprach sich außerdem dafür aus, deutschen Schülerinnen und Schülern Exkursionen zu KZ-Gedenkstätten zu verbieten, da sie ausschließlich »bedeutsame[n] Stätten der deutschen Geschichte« besuchen sollten, wozu er die Konzentrationslager, in denen die Nationalsozialisten mehr als sechs Millionen Juden sowie Angehörige vieler weiterer Gruppen ermordet haben, nicht zählt.

Offene Shoah-Leugner und Antisemiten sind seit der Bundestagswahl 2017 auch im deutschen Bundestag zu finden. Beinahe hätte sogar ein notorischer Shoah-Leugner, Wilhelm von Gottberg, als Alterspräsident den neuen Bundestag eröffnen dürfen – hätte man nicht vor der Sommerpause noch schnell die Regularien so verändert, dass nun nicht die älteste, sondern die dienstälteste Person die erste Sitzung eröffnen darf. Von Gottberg hatte über die Shoah 2001 im »Ostpreußenblatt« Folgendes geschrieben: »Die Propaganda-Dampfwalze wird mit den Jahren nicht etwa schwächer, sondern stärker, und in immer mehr Staaten wird die jüdische ›Wahrheit‹ über den Holocaust unter gesetzlichen Schutz gestellt.« Und ferner beklagte er darin: »Der Holocaust muss ein Mythos bleiben, ein Dogma, das jeder freien Geschichtsforschung entzogen bleibt.« Die Shoah als Mythos zu bezeichnen und ihre historische Wahrheit durch Anführungszeichen in Abrede zu stellen, ist nicht nur völlig absurd, weil kein Verbrechen der Menschheitsgeschichte so akribisch dokumentiert wurde wie der industrielle Völkermord an den europäischen Juden von den bürokratieverliebten Nazis. Sondern es ist auch das große Mantra aller Shoah-Leugner, die nicht wahrhaben wollen, wozu die Deutschen fähig gewesen waren: den größten, minutiösesten und grausamsten Völkermord der Menschheitsgeschichte zu begehen.

Auch Martin Hohmann, der seit 2017 für die AfD im Bundestag sitzt, erträgt diese Wahrheit nicht. Deshalb relativierte er die deutsche Schuld an der Shoah 2003 in einer Rede als damaliger CDU-Bundestagsabgeordneter ausgerechnet am Tag der Deutschen Einheit, indem er in seiner widerwärtigen antisemitischen Rede (gespickt mit Zitaten aus dem antisemitischen Standardwerk *Der internationale Jude*) behauptete, dass Jüdinnen und Juden sich genauso wie die Nazis in der Geschichte als mordende Täter erwiesen hätten und man deshalb nicht mehr von Deutschen als Volk von Tätern sprechen solle, so wie man es ja auch nicht beim jüdischen Volk tue. Für diese Rede wurde Hohmann aus der CDU-Fraktion ausgeschlossen. Die AfD begrüßte ihn dann im Jahr 2016 mit offenen Armen.

Ich möchte mir gar nicht ausmalen, welche Gesinnungen die übrigen neunzig Bundestagsabgeordneten der AfD in den kommenden Monaten und Jahren noch offenbaren werden. Und ich muss gestehen, dass ich zutiefst geschockt war, wie viele Wähler aus Wut, Frust, Unwissenheit, Perspektivlosigkeit oder Hass diese Partei gewählt haben und damit billigen, dass mit ihren Stimmen eben auch Antisemiten und Rassisten in den Bundestag einziehen.

Am Tag nach der Bundestagswahl 2017 habe ich mit meiner damals 84-jährigen Großmutter telefoniert, die äußerst bestürzt war über den Einzug der AfD ins deutsche Parlament. Sie klang nachdenklich und besorgt, als sie mir sagte: »Ich dachte schon, dass es in einer fernen Zukunft sein kann oder sein wird, dass in den Bundestag wieder Antisemiten einziehen. Aber ich hätte nie gedacht, dass ich das auch noch erleben und mitansehen muss. Das bricht mir das Herz.« Danach schwieg sie.

Ich machte mir selbst große Sorgen. Es waren Antisemiten gewählt worden, von denen man wusste, welchen Hass sie hegen. Und nun können sie die Politik, wichtige Ausschüsse und andere Gremien wie die Rundfunkräte, mit ihrer Ideologie beeinflussen. Werden sie im Kulturausschuss des Bundestags dafür sorgen, dass weniger Geld in Projekte gegen Rechtsextremismus oder in die Gedenkinstitutionen fließt? Werden sie die Agenda der verschiedenen Rundfunkräte nach rechts rücken, so wie sie schon seit einiger Zeit die Sprache und Programmatik der anderen Parteien nach rechts bewegen? Und ist nicht Letzteres das größte Problem? Die Bewegung von größeren Parteien, Verbänden, Medien, ganzen Gesellschaftsteilen nach rechts? Wird dieses Land dann nationalistischer, engstirniger und misstrauischer gegenüber Menschengruppen, die als fremd begriffen werden? All das ging mir durch den Kopf.

Die Demokratie und ihre hart erkämpften Werte wie freie Meinungsäußerung, das freie Bekenntnis, Pressfreiheit, Versammlungsfreiheit sind nicht selbstverständlich, auch wenn bereits drei Generationen in diesem Land mit ihnen aufwachsen durften. Diese Errungenschaften sind leicht wieder zu verlieren. Demokratische Werte sind fragil, wie Vergangenheit und Gegenwart mannigfaltig demonstrieren. Trotzdem geben Menschen sie leichtfertig her. Einfach so. Kaum lebt eine Generation mit jenen Werten, setzt die nächste Generation sie geschichtsvergessen aufs Spiel.

Oft wird gefragt, warum gerade Juden öffentlich als Mahnende auftreten, nicht die Geschichte zu vergessen – Shoah-Überlebende etwa oder Vertreter von jüdischen Institutionen wie dem Zentralrat der Juden in Deutschland. Es ist kein Eigennutz, sondern die bittere Erfahrung der eigenen Familien über Zeiten, Orte und soziopolitische Kontexte hinweg, dass Juden von der Geschichtsvergessenheit der Mehrheitsgesellschaft als Erste gefressen werden. Und ist man ihren Konsequenzen gerade noch mit dem Leben davongekommen, vergisst man das nicht. Und lässt es auch die Kinder und Kindeskinder nicht vergessen. Das ist anders, wenn man nie verfolgt wurde. Dann muss man keine Verfolgungserfahrung zum Überleben der nächsten Generation weitertragen.

Ich werde häufig gefragt, warum ich stets meine Kippa trage, wenn sie sich immer wieder als Magnet für Antisemiten erweist. Ich könnte doch einen wesentlich ruhigeren Alltag haben, würde ich auf die Kippa als Zeichen meiner Herkunft, meines Glaubens und meiner Verbundenheit mit meiner Kultur und Gemeinschaft verzichten und darüber einen Hut oder eine Mütze tragen. Mein enges Umfeld weiß, dass ich mich nicht fahrlässig bedrohlichen Situationen aussetze. Doch obwohl meine Kippa die Schlechtigkeit vieler Menschen aufdeckt und ich in der Vergangenheit in gefährliche Situationen geriet und in Zukunft geraten werden, gebe ich nicht einfach mein Recht auf Bekenntnisfreiheit und freie Entfaltung der Persönlichkeit auf und verstecke mich oder unterlasse es, den Teil meiner Identität öffentlich zu zeigen, der mich am meisten ausmacht.

Wenn ich auch unsichtbar wäre, würde ich diese Freiheiten aushöhlen und es für die Generationen, die nach mir kommen, schwerer machen, sie zu erhalten. Wir sind in diesem Land qua Geburt mit derart vielen demokratischen Privilegien ausgestattet, dass ich sehr wohl etwas zu ihrem Erhalt, ihrer Verteidigung beitragen kann, selbst wenn es mir Schwierigkeiten bereitet und mich herausfordert.

Und so werde ich weiterhin meine Kippa tragen, wenn ich im Zug unterwegs bin. Deshalb trage ich sie auch in diesem Regionalzug, während die drei Menschen auf dem Viererplatz vor mir weiterhin über den vermeintlichen Einfluss jüdischer Amerikaner auf die deutsche Politik, der hoffentlich bald durch die Politik der AfD unterbunden würde, schwadronieren. Die beiden mir Abgewandten drehen sich immer wieder zu mir um, um mir einschüchternde Blicke zuzuwerfen. Trüge ich meine Kippa jetzt nicht, könnte ich in Ruhe meinen mitgebrachten Apfel essen, den ich angespannt in der Hand halte. Stattdessen sehe ich dem Mann direkt in die Augen, der nun schon fast eine Stunde hasserfüllt und stumpf über seine Rache an den Juden schwatzt.

Ich beginne, ihn anzulächeln, als mich ein neuer Gedanke ergreift: das glorreiche Alte Ägypten – heute Sand und Steine; das triumphale riesige Römische Reich – genau wie das Alte Griechenland bloß noch Ruinen; das Zarenreich wie so viele europäische Königreiche von Revolutionen geschluckt, das sogenannte Dritte Reich mit seiner Kriegsindustrie vom eigenen Weltkrieg zerstört, die Sowjetunion kollabiert. Sie alle, die unsere Kultur zerstören, unseren Glauben verbieten wollten, alle, die uns auszubeuten, zu versklaven, ermorden und auszurotten versuchten, sind untergegangen. Es gibt die übermächtigen Babylonier und Römer und die mörderischen Nazis nicht mehr. Sie alle sind Geschichte. Aber uns Juden, unser kleines großes Volk, gibt es nach 4000 Jahren noch immer. Wir haben bisher alles überstanden. Sogar einen Völkermord. In spätestens zwei Generationen wird wohl nichts mehr an die AfD erinnern. Aber uns wird es dann noch geben. Wir haben den längeren Atem.

Der Mann schaut verunsichert, dass ich ihn noch immer anlächle. Plötzlich, zum ersten Mal seit einer Stunde, wendet er seinen Blick ab. Ich habe Leute wie ihn so satt. Und ich hatte es schon lang zuvor satt, mich vor Leuten wie ihm zu fürchten. Ich habe es irgendwann vor Erschöpfung einfach gelassen.

Seit einigen Generationen bringt man in jüdischen Familien den Kindern augenzwinkernd bei, dass man den historischen Hintergrund aller jüdischen Feiertage stets in denselben zehn Worten zusammenfassen könne: »Sie wollten uns umbringen, wir haben überlebt, lasst uns essen!« Womöglich, so denke ich im Zug, fasst das auch viele Erfahrungen der jüdischen Geschichte zusammen. Und dann beiße ich, die AfDler ignorierend, in meinen Apfel.

DIE WEGE DER BAHN SIND UNERGRÜNDLICH

Im Regionalzug nach Minden. Das Abteil ist ziemlich leer. Neben mir gibt es noch genau vier andere Menschen: zwei Damen, zwei Herren. Das sind alle, lose versprengt auf den gepolsterten Sitzen. Viel übriger Platz. Dann steigt ein junger Mann zu, Mitte zwanzig vielleicht, gesund genährt, rosige Haut, akkurater Haarschnitt, sehr enges Hemd, anspruchslose Drahtbrille. Er trägt eine Ledertasche und einen kleinen Aluminiumkoffer bei sich. Gerade noch scheint es, als wolle er an meinem Platz vorbeiziehen, da hält er inne und fragt offensiv freundlich und überdeutlich artikuliert, ob er neben mir sitzen dürfe. Ich sitze auf einem Zweierplatz. Zig Plätze um mich herum sind verwaist. Nur die zwei Damen und zwei Herren. Ich schaue irritiert, nicke aber flüchtig. Schließlich gehören mir die Plätze nicht.

Es dauert auf die Sekunde die Länge von Chopins Nocturne Nr. 20 cis-moll, op. posth., bis der junge Mann aus seiner Ledertasche ein christliches Testament zieht. Er gibt vor, während der Zugfahrt harte Bibelexegese oder derlei betreiben zu wollen. Ich glaube, ich stoße ein lakonisches »So so« aus und schaue nach vorn. Er blättert eifrig hin und her, bis ich im Augenwinkel schließlich bemerken muss, wie er auf einzelne Passagen nachdrücklich zu tippen beginnt. Ich versuche, das zu ignorieren. Er tippt ausdauernd. Wie ich nun sehe, auf einen Vers aus der Offenbarung des Johannes: »Siehe, ich gebe aus der Synagoge des Satans …« Er tippt immer energischer auf die Stelle.

Ich schaue konzentriert aus dem Fenster und finde es gerade schade, keiner der Bäume draußen zu sein. Einfach Baumsein wäre jetzt toll. Da beginnt der junge Mann mit missionarischem Eifer, die Passage leise vorzulesen. Das ignoriere ich auch. Er liest sie noch einmal vor, lauter und nervöser. Zeit, ein Gespräch zu beginnen.

»Soll ich dir den Weg zeigen?« Nein, das fragt nicht er mich, sondern ich ihn.

Er reagiert entwaffnet: »Den Weg? Ich glaube, den habe ich vor sechs Jah …«

»Nein, nein«, unterbreche ich ihn und seine Errettungsgeschichte, »Den Weg zur Synagoge des Satans. An deren Tür klopfst du doch so vehement auf deinem Buch. Ich kann sie dir öffnen«, sage ich und lächle gespielt diabolisch.

Der Missionar wird rot. »Man geht nicht in die Synagoge des … Also Juden sollten da raus, und es gibt Jesus Chr …«

»Möchtest du eigentlich homosexuell werden?«, unterbreche ich ihn. (In evangelikalen Kreisen gibt es immer wieder den Topos der homosexuell machenden Juden.)

Sein Gesicht wird schamesrot. Sogar seine Hände verfärben sich.

»Ich? Nein, auf keinen Fall hätte Jesus Chr- …« –

»Ich denke, ich werde dich immer unterbrechen, wenn du seinen Namen sagst.«

»Ist der Name für dich so schwer anzuhören?«, fragt er mich aufrichtig mitleidig.

»Nein, nein«, sage ich, »aber ich fürchte, dass Jesus das schwer anhören kann. Weißt du, ich bin ja mit ihm durch die Wüste gewandert. Wir Juden waren da sämtliche Generationen übergreifend aus allen Zeitaltern gleichzeitig zusammen. Da kommt man ins Gespräch. Und oy, ist er genervt!«

Der junge Mann lacht kurz und fragt süffisant, wovon Jesus denn genervt sei.

»Nun«, sage ich, »er fragt sich, wie häufig Juden noch schreckliche Dinge überleben müssen, damit Leute wie du begreifen, dass G'tt all diese Menschen offenbar auf dieser Welt als die, die sie sind, haben möchte.«

Der junge Missionar runzelt die Stirn und guckt einen Moment lang auf seine Offenbarung.

»Ja ... beinahe hattest du mich, Rabbi«, ruft er, steht auf und geht.

Missionare zu missionieren ist gar nicht so leicht.

ZU KURZ AM ZUG

Die meisten Situationen beim Bahnfahren oder im städtischen Nahverkehr sind nach wenigen Sekunden vorbei. Ich werde beim Betreten oder Verlassen des Zuges oder der Straßenbahn beschimpft oder eine jugendliche Gruppe stachelt sich gegenseitig dazu an, immer lauter etwas Antisemitisches in meine Richtung zu rufen. Es sind in den meisten Fällen lediglich einzelne Wörter oder ein kurzer

Satz. Dann ist der Moment schon wieder vorüber, der eigene Einsatz zur Erwiderung verpasst. Gewollt oder ungewollt. Zumeist gewollt, weil ich keinen Ärger will. Ich möchte dann bloß zwei Stationen weiter zum Einkaufen fahren oder am anderen Ende der Stadt Freunde besuchen und nicht das Risiko eingehen, dass aus einem »scheiß Jude!«, was ich am häufigsten zu hören bekomme, ein blaues Auge wird. Oft aber kann ich mir eine Reaktion nicht verkneifen.

Tatsächlich beginne ich, mich beim immer gleichen Ausruf »scheiß Jude!« weniger zu ärgern oder traurig zu werden. Stattdessen wundere oder amüsiere ich mich über leichte Abwandlungen wie abweichende Aussprachen – Hat er gerade wirklich »Sie scheiß Yoda!« gesagt? – oder grammatikalische Fehler – »Du scheiß Juden!«. Auch das ist wohl eine Strategie, mit diesen regelmäßigen Anfeindungen umzugehen.

Die Umgebung, in der man beleidigt wird, lenkt mich zum Teil derart ab, dass ich der Situation mit Humor begegnen kann. Einmal stieg ich in eine Düsseldorfer S-Bahn ein, die alt und notorisch uneinladend schmuddelig aussieht, und werde direkt freundlich mit einem »Jetzt verseucht der dreckige scheiß Jude die ganze Bahn« begrüßt. Ich grüße ähnlich höflich zurück und denke nur kopfschüttelnd: Schon ein starkes Stück ... dafür, dass wir in der heruntergekommenen S8 sind! Absurde Frechheit!, und muss lachen.

Als ich wenig später bei meiner Ankunft am Ziel meinen Freunden von der extrem kurzen Begebenheit erzähle und wie absurd es doch ist, dass so etwas ausgerechnet in jener S-Bahn geschehen ist, übergehen alle schockiert die Pointe. »Das hat schon wieder jemand zu dir gesagt? Das ist so furchtbar!«, kommentieren sie. Ja, sie haben natürlich Recht. Aber eigentlich wollte ich doch nur über die absurde

Tatsache, dass ich in einer bereits nicht weiter dreckig zu machenden S-Bahn war und ... – plötzlich löst sich die Schutzmauer in mir auf, und ich fühle wieder das, was ich in den besorgten Gesichtern meiner Freunde lese.

(ULTRA-)ORTHODOX

Wenn man meine Kippa sieht, erkennt mich manch einer nicht nur als jüdisch, sondern verbindet auch allerlei Eigenschaften mit mir. Mancher hält mich für reich, ein anderer für klug – negativ gewendet für gierig, verschlagen, ausländisch, meist für fremd. Aber die Kippa wird häufig als Beweis für eine Vielzahl mir zugedachter Einstellungen wahrgenommen. Die Kippa ist in der Tat zumeist ein Zeichen von Religiosität, wird sie jenseits des Gebets-, Synagogen-, Fest- oder Ritualkontexts getragen. Aber religiöse Juden aller jüdischen Strömungen können sie im Alltag tragen. Jeden Tag, nach Lust und Laune. Damit hat man in Deutschland allerdings wenig bis nahezu keine Erfahrung. In vielen Begegnungen stellt sich heraus, dass Menschen die Kippa für ein Accessoire eines Rabbiners halten, weshalb sie mich oft mit »Herr Rabbiner« oder »Rabbi« ansprechen. Ich kläre dann geduldig auf, dass ich kein Rabbiner bin. Man kann schließlich nicht alles über jede Religion wissen.

Erstaunlich ist allerdings, dass man mich immer wieder als »strikt orthodox« oder »streng religiös« liest und damit ein bestimmter Strauß aus Eigenschaften und Einstellungen assoziiert wird. Eine Person, die als orthodoxer Jude gelesen wird, kann demnach keine individuellen Haltungen zu gesellschaftlichen Themen haben. Es wird angenommen, man kenne auf den ersten Blick jede seiner Haltungen zu spezifischen Themenbereichen. Kurioserweise kennen die wenigsten Leute in diesem Land dezidierte Einstellungen orthodoxer oder charedischer Juden und nehmen daher meiner Erfahrung nach immer wieder rigide Positionen, etwa aus dem Islam oder Katholizismus, als Sichtweise von orthodoxen respektive religiösen Juden an. Gewisse Überschneidungen zwischen diesen Gruppen kommen durchaus vor; es muss sie aber nicht geben. Und darüber hinaus muss es niemals so sein, dass ein Anhänger einer solchen Gruppe alle oder die meisten der Einstellungen der Gruppe teilt. Eine religiöse Kopfbedeckung sagt vielleicht rein gar nichts über die Meinung des Trägers zu einem Thema aus.

Einmal hält mich ein lesbisches Paar in der Straßenbahn offenbar für einen orthodoxen Juden, der kein Deutsch versteht. Die beiden Damen küssen sich offensiv vor mir in einem Viererplatz, werfen mir dabei immer wieder schelmische Blicke zu und sagen kichernd halblaute Sätze. Unter anderem höre ich heraus: »Sowas kennt der bei sich zu Hause bestimmt nicht!« Zu Hause?, frage ich mich, in meinen eigenen vier Wänden oder meint sie Israel oder eine chassidische Nachbarschaft wie in Brooklyn? Als ich aufstehe, um an meiner Haltestelle auszusteigen, komme ich dem Paar ein paar Schritte näher und versichere den beiden auf Deutsch, dass ich mich nicht an ihnen störe. Sie schauen mich an, als hätte das alte Ölportrait, das bei den Großeltern hing, plötzlich zu sprechen angefangen. Sie lachen verlegen und attestieren mir Toleranz, während meine Augen mich hinaus aus der Straßenbahn rollen.

Manches Mal wird auch explizit meine Stellungnahme zu einem Thema verlangt. Nach der eigenen Meinung werden wohl die meisten Menschen gern gefragt. Doch macht man es weniger gern, wenn der Gesprächspartner bereits impliziert, welche Meinung man zu vertreten hat, und etwas anderes nicht hören möchte. So wie im Zug nach Berlin, einen Tag vor der Öffnung der Ehe für gleichgeschlechtliche Paare im Jahr 2017.

Eine Dame mittleren Alters fasst sich ein Herz und spricht mich nach knapp zwei Stunden Zugfahrt an: »Ärgert es nicht gerade Sie als Jude, dass die Schwulen und Lesben jetzt bald die Ehe bekommen sollen?«

Ich: »Warum gerade mich als Jude ...?« (Warum stelle ich eigentlich eine Rückfrage? Ich hätte mich einfach totstellen können.)

Sie: »Sie scheinen ja ein frommer Mann zu sein, wenn ich das anhand Ihrer Kopfbedeckung und Ihres Bartes so ja annehmen kann.« (Well, mein Fünf-Tage-Bart geht jetzt schon als Indiz durch?)

Ich: »Fromm ist ein großes Wo... Nun, egal. Okay. Ich bin Religionslehrer.«

Sie: »Schlimm mit der Ehe, oder? Das kann doch nicht so gewollt sein! Also von G'tt in der Bibel. Das ist doch klar eine Verbindung aus Mann und Frau.«

Ich: »›Verbindung‹ ist übrigens ein interessantes Wort an der Stelle. Es vermittelt Gleichberechtigung. Wissen Sie aber, wie die Ehe Jahrhunderte, ja Jahrtausende funktioniert hat? Damit hat ein Mann eine Frau in seinen Besitz genommen. Die Frau wiederum hatte eigentlich nur einen fixen Besitz ihrerseits: ein Stück Gold in eine Form gebracht, die man ihr nicht so leicht wegnehmen konnte: als Ring um einen ihrer Fingerknochen. Das war dann ihre Abfindung oder Witwenrente, wenn etwas schiefging.«

Sie: »Das hat sich ja zum Glück etwas geändert.«

Ich: »Ganz genau.« (Ich nicke auffordernd, damit ihr der Analogieschluss einleuchtet. Nichts.)

Sie: »Aber manche Veränderungen gehen ja zu weit.«

Ich: »Wollen Sie die *fromme* Antwort aus meiner Religion?«

Sie: »Ja, Sie sind ja die Hüter des Buches, so sagt man doch.« (Klingt nach einem neuen Teil von Indiana Jones ...)

Ich: »Bei diesem Thema hat mich ein orthodoxer Rabbiner aus den USA einmal an etwas erinnert, was im Talmud geschrieben steht; etwas Grundsätzliches dazu, egal, was man nun von diesem Thema speziell hält. Im Talmud heißt es also, dass G'tt seinem Volk beibringt, dass seine Torah – seine Weisung, sein Gesetz – nicht mehr droben im Himmel sei und man nicht auf eine g'ttliche Validierung warten solle, sondern dass die Torah auf der Erde in den Händen seines Volkes sei, um sie auszulegen. Der Mensch solle das Gesetz begreifen und nach seinem eigenen Verständnis anwenden.

Das ist, was die nichtjüdischen Politiker in Berlin morgen in ähnlicher Weise wahrscheinlich machen werden; ihr Verständnis dieser religiösen, gesellschaftlichen Institution anwenden. Was der besagte amerikanische Rabbiner dabei betonte, war, dass man über unterschiedliche Verständnisse streiten könne, aber man hinnehmen müsse, dass Menschen Dinge unterschiedlich verstehen.«

Sie: »Hm. War der Rabbiner da weise oder diplomatisch?«

Ich lächle. »Beides.«

VOM REGEN IN DIE TRAMBAHN

Zahlreiche Episoden, die dem täglichen Nutzen und Bewältigen des Nahverkehrs geschuldet sind, habe ich auf Facebook oder Twitter veröffentlicht. Ich ahne vor dem Klick zur

Veröffentlichung nie, welche von ihnen besondere Aufmerksamkeit erregen wird. Ich habe dafür kein Gespür. Oft wundere ich mich darüber, was die Leserinnen und Leser letztlich überdurchschnittlich kommentieren oder teilen. Das war auch 2019 der Fall, als ich meinen Schreck schnell überwunden, die Situation für mich glimpflich ausgegangen war. Doch allein auf Twitter hinterließen beinahe 700 000 Leserinnen und Leser entsetzte Kommentare.

Auf dem Heimweg vom Arzt flüchte ich mich vor dem Münchner Spätaugustregen in die nächste Tram. Es regnet schon den ganzen Tag. Meine Hose ist durchnässt, aber Regenjacke und regenfeste Schuhe helfen dem Rest, trocken zu bleiben. Ich setze mich ganz hinten in den verwaisten Sitzbereich. Der Boden der Tram steht seicht unter Wasser, alles fühlt sich klamm, schwül und herbstlich an: die Polsterung, die Stangen zum Festhalten, die Fensterscheiben, die Luft.

An der nächsten Haltestelle steigt ein Mann zu und stellt sich telefonierend vor den Sitzbereich, den ich gewählt habe. Er zieht sich seine mit Regenwasser vollgesogene Mütze vom Kopf und lässt sie auf den Boden klatschen. Das erinnert mich daran, meine Kapuze abzusetzen. Der Blick des Mannes fällt auf meine zum Vorschein kommende, zur Regenjacke passend grüne Kippa. Er würgt seinen Gesprächspartner am Handy ab und setzt sich mir breitbeinig gegenüber.

Er: »Ich wusste direkt, dass du ein Jude bist.«

Ich muss überlegen, wann ich zuletzt einen solchen Gesprächsauftakt erlebt habe. Angenehm lang her. Sicherlich zwei Monate. Vielleicht ein neuer Rekord. Ich nehme die Kopfhörer aus den Ohren. Man möchte ja nicht unhöflich erscheinen.

Ich: »Haben Sie das? Woran?«

Er: »An deinem Körperbau und deinen Fingern. Du hast auch sehr jüdische Augen. Und du hast so 'ne teure Jacke an.«

Ich: »Kennen Sie Drake, den Rapper?«

Er: »Ja, klar.«

Ich: »Der ist auch jüdisch.«

Er: »Trägt er auch so teure Regenjacken wie du?«

Ich: »Keine Ahnung. Aber er sieht ganz anders aus als ich.«

Ich stecke meine Kopfhörer zurück in die Ohren und schaue zur Seite. Der Typ winkt daraufhin mit seiner Hand direkt vor meinem Gesicht herum.

Er: »Ey, ich war noch nicht fertig! Woher hast du die Jacke?«

Ich: »Schweden. Äh, aus dem Internet.«

Ich stehe auf und gehe zur Tür. Meine Alarmglocken läuten zu laut.

Er folgt mir.

Er: »Kann ich deine Jacke mal anprobieren?«

Dazu wäre er etwa drei Kleidergrößen zu groß.

Ich: »Nein, ich muss die Nächste raus.«

Um ihn abzuschütteln. Mein eigentliches Ziel liegt sechs Stationen weiter. Lieber zurück in den Regen. Aber muss das wirklich sein? Ich will bloß schnell nach Hause und mich mit Welpe und Wärmflasche aufs Sofa legen. Am Abend kommen noch Freunde zu Besuch. Ich hab keine Lust, ihnen hiervon zu erzählen, und davon, wie ich noch einmal aussteigen und erneut im Regen warten musste. Sowas von gar keine Lust! Ich bleibe.

Ich: »Ich muss doch erst später raus.«

Er: »Dann gib mir jetzt deine Jacke.«

Ich: »Nein. Es heißt: ›Könnten Sie mir bitte Ihre Jacke geben?‹, und nein, ich gebe Ihnen meine Jacke nicht.«

Er: »Ich will doch deine Jacke nur mal kurz haben, Jude. Warum darf ich das nicht? Du kannst dir doch eine neue kaufen.«

Ich: »Duzen Sie mich nicht. Das ist vulgär.«

Ich werde jetzt immer lauter, weil ich einfach keinen Nerv mehr habe.

Ich: »Und sprechen Sie mich nicht so an. Sprechen Sie mich gar nicht an! Wollen Sie mich nur blöd anmachen oder WOLLEN SIE MICH ETWA BESTEHLEN, WEIL ICH JUDE BIN?!«

Vier Leute schauen nun zu ihm und mir herüber. Richtig, ich bin wie immer in Gesellschaft.

Er: »Ganz ruhig, ey. Ich kann sonst auch laut werden.«

Ich: »STEHLEN WOLLEN, NUR WEIL ICH JUDE BIN! SO, SO! WEIL ICH JUDE BIN! ICH FASSE ES NICHT! VERSUCHTER DIEBSTAHL! LASSEN SIE MICH ENDLICH IN RUHE!«

Er: »Jetzt halt's Maul, du scheiß Jude!«

Ich: »ICH WERDE NUR IMMER LAUTER, WEIL ICH WÜTEND BIN UND KEINER ETWAS MACHT!«

Ein Mann, der die ganze Zeit über verdutzt zugesehen hat, steht auf und fragt in gebrochenem Deutsch, was los ist. Ich fasse ihm die Situation in zehn unfeinen englischen Worten zusammen. Dann sagt der anglophone Mann dem Antisemiten, der meine Jacke will, in ebenfalls zehn englischen Worten, er solle bei der nächsten Station aussteigen. Und das macht der sogar. Als die Gefahr gebannt ist, stellt sich mir der anglophone Mann als Kanadier vor. Ohne Namen. Natürlich mischt sich von allen Menschen ausgerechnet ein Kanadier ein, denke ich. Es sollte mehr davon in deutschen Straßenbahnen geben.

Der Kanadier: »Are you alright?«

Ich: »I'm just tired and I ... I have no more f**ks to give. Pardon me.«

Der Kanadier: »I heard. And I'm so sorry, man.«

Ich: »Thank you.«

And thank you, Canada! O Canada! Our home and native land ...! Ach, in Kanada müsste man leben ...

NONNE AM GLEIS

... oder in Münster. Ich bin kein Lokalpatriot. Aber Münster ist ohne Frage meine jüdische Heimatgemeinde, und ich kann ohne Zögern eine Lanze für dieses westfälische Kleinod brechen. Denn als ich bis 2017 etwa vier Jahre für den Beginn meiner Dissertation und ersten Anstellung als Religionslehrer in Münster lebte, kam mir das wie eine Antisemitismus-Auszeit vor. Im Vergleich zu den Studienjahren im Rheinland widerfuhr mir in Münster herzlich wenig, und nichts war von Gefahr gewesen. Die Vorfälle aus jener Zeit ereigneten sich fast ausschließlich während des Pendelns in andere Orte für Studium, Arbeit oder Privates. Oft in den Zügen, meist jedoch beim Warten am Bahnsteig. Antisemiten auf der Durchreise. Traf ich hingegen auf Münsteraner, waren die Begegnungen anderer Natur.

Es stürmt in Münster. Die Stadt macht ihrem Ruf, enorm verregnet zu sein, wieder einmal alle Ehre. Ich bin noch einigermaßen trocken am Bahnhof angekommen, um nach Minden zu reisen, wo ich einer Schar Kinder jüdische Werte und Traditionen näherbringe. Irgendwelche Bäume, so die verrauschte Ansage, haben sich anscheinend dazu entschieden, sich den Gleisen zwischen Münster und Hamm zu opfern, und sorgen nun für Frust bei Dutzenden durchnässten Bahnhofsgestrandeten. Ich beiße in mein mitgebrachtes Avocado-Baguette. Ich wollte über Hamm fahren, aber nun wird es wohl Osnabrück werden. Auch gut. Vielleicht hält meine Regenjacke nicht nur den Regen, sondern auch schlechte Laune ab. Ich beiße noch einmal in mein Baguette und schaue hoch zum tief blauen Himmel.

Aus dem Augenwinkel sehe ich eine betagte Nonne, die im Wind mit dem Schleier ihres Habits kämpft. Ihre Brille ist voll von dicken Regentropfen. Ich frage mich, ob sie eigentlich noch richtig sehen kann. Sie geht gedankenverloren, am Schleier zurrend, in Richtung Gleisrand. Ich glaube, sie sieht wirklich nicht richtig. Oh nein, sie sieht ganz offensichtlich nicht richtig! Da ist doch schon der Rand! Ich mache hastig ein paar nervöse Schritte auf sie zu und überlege dabei, wie man hierzulande noch gleich eine Nonne anzusprechen pflegt. War es »Schwester«, oder braucht es irgendeinen anderen Titel? Ich lasse alle Höflichkeiten beiseite und greife sie seicht am linken Oberarm.

»Verzeihen Sie, Madame, das Gleis!«, höre ich mich sagen.

Madame!? Wie kam ich jetzt darauf? Die Nonne schaut auf ihre Füße, deren Spitzen schon über den Gleisrand schauen.

»Oh hilf, nein! Ich war ganz in Gedanken. Danke schön, junger Mann«, sagt sie und schnauft dabei aufgeregt. Sie muss sich fassen.

Sie nimmt ihre verregnete Brille ab. Die Nonne wirkt verwirrt.

»Möchten Sie vielleicht einen Schluck Wasser?«, frage ich und reiche ihr meine Trinkflasche.

Sie nickt und trinkt einen kräftigen Schluck.

»Danke. Ich hab … hab meinen Regenschirm verloren und … alles wurde schlimm. Ich weiß auch gar nicht … gar nicht, wohin ich jetzt muss«, gibt sie merklich durcheinander von sich.

Ich krame in meinem Rucksack nach dem Regenschirm, den ich nie benutze, und gebe ihn ihr. Danach suche ich ihr eine neue Verbindung heraus, die nicht über das baumtrümmerumringte Hamm führt. Sie bedankt sich für beides überschwänglich.

»Studieren Sie hier?«, fragt die Nonne zum Abschied.

Ich erzähle ihr von meiner Dissertation und dass ich hier in Münster und in Minden Religion unterrichte.

»Katholische Religionslehre?«, fragt sie nach.

Ich nehme die Kapuze meiner Regenjacke ab und deute auf meine nun sichtbare (und etwas verrutschte) Kippa.

»Jüdische«, sage ich.

Die Nonne blickt mich einen Moment lang verwundert an und scheint sich erneut fassen zu müssen. Sie greift beherzt meine Hand und schaut mir ungewöhnlich lang in die Augen. Erst da bemerke ich, wie alt sie schon sein muss. Sie blickt sich zu den anderen Menschen am Gleis um und wendet sich mir sichtlich bewegt wieder zu.

»Danke, dass Sie auf mich aufgepasst haben. Vergelte man es Ihnen gut«, sagt sie und huscht davon.

Ich bleibe verdutzt am Gleisrand im Regen stehen und schaue ihr nach.

7

VATER AM APPARAT – EIN OFFIZIER UND UNIKUM

Das Gegenteil von Zukunft ist Herkunft. Wohin ich gehe hat sehr viel damit zu tun, woher ich komme. Und auf die eine oder andere Weise kommt man auch nach den eigenen Eltern. Und welche Eltern gehören wohl zu dem Hinterkopf mit Kippa? Wenn Menschen, die mich kennen, meinen Vater, einen Mann des Militärs, kennenlernen oder von ihm hören, erscheint ihnen das mitunter kurios, in jedem Falle aber aufschlussreich.

Über die Kindheit und Jugend meines Vaters weiß ich kaum etwas zu erzählen. Dem Fundus von Dingen aus vergangenen Tagen nach zu urteilen, scheint er früher viel Zeit mit Büchern über amerikanische Ureinwohner, Cowboys und über abenteuerliche Weltreisen verbracht zu haben. Auf Jugendfotos trägt er wildkrause discoeske Frisuren, dann irgendwann schnittige Militärfrisuren. Er spielte Handball und hatte einmal einen furchtbaren Autounfall, den er wundersamerweise überlebte. Das weiß ich von meiner Oma. Sie erzählte es mir, als sie mir deutlich machen wollte, warum mein Vater der sicherheitsbedachteste – und daher wohl anstrengendste – Autofahrer der westlichen Hemisphäre ist. Mein Vater hätte es mir selbst nie erzählt.

Er hat mir auch nie erzählt, warum Gewitter ihn so nervös machen und seinen Beschützerinstinkt derart befeuern, dass er in unserem Haus bei Blitz und Donner nachts mit einer Taschenlampe auf und ab ging und uns Kindern immer wieder einschärfte, wie wir im Brandfall zu agieren hätten. Als er ein Kind gewesen war, hatte er in der westfälischen Provinz miterlebt, wie ein Nachbarhof abgebrannt war und brennende Kühe durchs Dunkel über ein Feld zu unserem Haus liefen, um dann vor den Augen meines Vaters zu sterben. Auch das erzählte mir meine Oma. Und dass mein Vater sich um die Familie kümmerte, als mein Opa starb. Oder wie er sich als Soldat in einem bayrischen Kurort in meine Mutter verliebte, die ironischerweise aus demselben norddeutschen Heimatort wie mein Vater stammt. Und wie er sie zurück in den Norden brachte, sich um den ersten Sohn kümmerte und sie heiratete.

Mein Vater hat Jahre seines Lebens in verschiedenen Positionen des Militärs verbracht und ist dadurch zum loyalsten Menschen geworden, den ich kenne. Ich mache keinen Hehl daraus, dass ich es in meiner Jugend nicht leicht mit ihm hatte. Die schwere Verantwortung, die er zu tragen hatte, machte meinen Vater sehr ernst. Freunde von mir amüsieren sich indes immer wieder über sein Militärsprech, das ohne Fragezeichen und anheimelnde Füllwörter auskommt. Doch ein »Sohn, Abfahrt ist vierzehnhundert!« klang nur in den Ohren derjenigen witzig, die nicht danach springen mussten. Ohnehin fiel es mir lange schwer zu begreifen, wie er sich ausgerechnet in den Dienst des Militärs von diesem Land stellen konnte. Ich telefonierte als Jugendlicher zu oft und zu lange, was seine Organisation erschwerte, und ich diskutierte zu oft. Wenn ich das tat, verglich er mich immer irgendwann mit meiner Oma oder seinem verstorbenen Bruder.

Auch wenn ich noch als Kind so ausgesehen hatte wie mein Vater selbst einst, war früh klar, dass ich gänzlich anders geraten war als er. Ich war immer schon dürr und lange Zeit ziemlich klein. In der Grundschule musste ich immer wieder Gemeinheiten deshalb einstecken – auch und gerade, weil ich vor allem mit Mädchen befreundet war und Sport uninteressant fand. Da wurde ich dann selbst als Mädchen bezeichnet oder homophob beschimpft. Mein Vater bekam das oft mit und forderte mich von klein auf dazu auf, mich gegen solche Angriffe zu wehren. Ich dachte lange, ich solle damit etwas richtigstellen, um keinen falschen, keinen unmännlichen Eindruck zu erwecken, doch irgendwann stellte sich heraus, dass mein Vater stets nur im Sinn hatte, dass ich mich nicht für etwas verletzen lassen dürfe, wofür man sich nicht schämen sollte. Mein Vater wollte nie, dass ich so werde wie er. Er brachte mich sogar stets viele Kilometer weit bis nach Münster zur Synagoge, obwohl er entschiedener Atheist ist und mit der Religion abgeschlossen hat. Und er empfing jeden meiner Freunde wie ein Familienmitglied.

Und er half mir viele Male aus der Klemme. Es ist beinahe legendär, wie er während meiner Studienjahre von einer Feier bei meinen Eltern zu Hause aufbrach, als ich plötzlich in Düsseldorf ins Krankenhaus musste. Er ließ alles stehen und liegen und sagte seinen Gästen: »Mein Sohn muss ins Krankenhaus. Ihr könnt alles von der Bar haben. Meine Frau und ich müssen los.« Meinen Bruder rettete er einmal von einem Baum. Und aus einhundert anderen Notlagen. Mein Vater ist kein Mensch körperlicher Nähe. Ich könnte die genaue Zahl schreiben, wie oft er mich seit meiner Jugend umarmt hat. Zugleich war er immer in der Lage auszusprechen, dass er stolz auf mich ist.

Wenn ich mir meine Kinderfotos ansehe, bin ich darauf erstaunlicherweise mit keinem Familienmitglied so häufig zu sehen wie mit meinem Vater: auf seinem Schoß, an ihn gelehnt auf dem Sofa, in seinen Armen, auf seinen Schultern. Mein Vater sieht auf den Fotos unbeschwert aus, wenn ich die Fotos betrachte. Und ich bin dankbar dafür, was für einen guten Vater ich doch in diesem Mann vom Militär habe.

Irgendwann habe ich begonnen, die Gespräche mit meinem Vater aufzuschreiben, denn meinen Vater kann ich eigentlich nur in direkter Redewiedergabe begreiflich machen. Fangen wir bei der Begrüßung an. Es ist schon kurios, dass Menschen zumeist eine Standardantwort auf ein »Wie geht's dir?« erwidern, noch bevor sie darüber nachdenken, wie es ihnen tatsächlich geht. Frage ich etwa meine Oma, wie es ihr geht, antwortet sie zumeist etwas à la »Du weißt, ich bin schlecht darin, mich zu beschweren, deshalb gleich zum Schönen ...«. Frage ich meine Mutter nach ihrem Befinden, sagt sie so etwas wie: »Wie es auch so geht. Ich hab alles im Griff.« Frage ich indes meinen Vater, findet er jedes Mal eine neue, irgendwie abgedroschene oder absurde Redewendung, um sein Befinden auszudrücken. Dann sagt er etwa: »Im Saloon wird noch ausgeschenkt«, oder: »Die Gräben sind tief, aber führen Wasser.« Oder auch: »Im Tal ist's friedlich, ne.« Was mich als Jugendlichen wahnsinnig genervt hat, amüsiert mich heute. Es lohnt sich jedes Mal aufs Neue, ihn nach seinem Befinden zu fragen. Auch seine aufbauenden Aphorismen wie »Das Leben ist hart, aber ungerechnet!« musste ich mir früher viel zu oft anhören und fand sie ebenso peinlich wie die erstaunlich vielzähligen Gelegenheiten, zu denen er Freunden von mir bei uns zu Hause einen – übrigens koscheren – John Daniel's Tennessee Whiskey angeboten hat. Ja, genau *John* Daniel's. Noch niemand widerstand der Versuchung, meinen Vater hier zu verbessern. Darauf wartet er aber nur.

»Für dich heißt er vielleicht Jack. Aber wenn du ihn mal so gut kennst wie ich, darfst du ihn vielleicht auch mal John nennen.«

Ich glaube, den Spruch hat er aus einem Film mit Al Pacino. Mein Vater würde das aber nie zugeben. Und er würde nie zugeben, dass er mir gern mit absurden Gesprächen den Alltag erheitern möchte.

Ein Anruf von meinem Vater. Da sein Schwager, der beim Militär zeitweise sein Vorgesetzter gewesen ist, plötzlich schwer erkrankt ist, obwohl er von vielen stets als »der härteste Knochen der Bundeswehr« beschrieben wird, trifft mein Vater jetzt auch Vorkehrungen. Ein Testament hat er schon seit Jahr und Tag, aber nun fügt er konkrete Passagen an. Er will also Rücksprache halten.

Er: »Sohn, ich rufe wegen einer Formalität an. Hast du kurz Zeit?«

Ich: »Einer Formalität? Ja.«

Er: »Ich habe eine Inventurliste erstellt und weise zu, wem ich was vererbe.«

Ich: »Wem du was vererbst? Warum …?«

Er: »Ja, ich möchte regeln, wer was erhält. Deshalb will ich dich fragen, ob du meine Sportgewehre und Handfeuerwaffen haben möchtest.«

Ich: »Deine … Sportgewehre und Handfeuerwaffen? Sowas besitzt du doch gar nicht.«

Ich lache.

Er: »Spreche ich irgendwie undeutlich? Dauernd wiederholst du meine Fragen. Möchtest du sie nun?«

Ich: »Was sollte ich damit? Außerdem muss man dafür doch Dokumente überschreiben oder wie auch immer das funktioniert.«

Er: »Reine Formsache.«

Ich: »Okay. Aber ich brauche die nicht.«

Er: »Man weiß nie, wozu man die mal gebrauchen kann.«

Ich lache.

Ich: »Ich gehe in der Stadt eher selten jagen. Ich gehe gar nicht jagen. Juden machen das doch nicht.«

Er: »So, so, ja. Möchtest du denn etwas davon? Als Andenken?«

Ich: »Als Andenken woran?«

Er: »Ja, vielleicht erinnert dich das an mich.«

Er lacht.

Ich: »Warum sollte mich eine Waffe an dich erinnern!? Ich werde schon etwas haben, das mich dereinst an dich erinnern wird.«

Er: »Ja?«

Ich: »Den ersten Drachen, den wir damals zusammen gebastelt haben, um ihn auf Fehmarn steigen zu lassen. Den hab ich noch.«

Er schweigt kurz.

Er: »Nun werd nicht sentimental!«

Ich: »Oh, aber du kannst mir noch die gruselige Gasmaske aus dem Wintergarten dazugeben.«

Er: »Die ist nicht gruselig. Die rettet Leben. Die kann man immer noch benutzen.«

Ich: »Okay, die nehme ich. Aber keine Waffen. Die kannst du posthum auch veräußern und den Erlös spenden lassen.«

Er: »Hm. Dein Bruder will die bestimmt auch nicht ... Gut, machen wir das so. Das hat deine Oma auch schon vorgeschlagen ... Gut. Das war es auch schon, mein Sohn. Dann kann ich das auch abhaken.«

Ich lache.

Ich: »Ja, das kannst du nun auch abhaken.«

Mein Vater ruft außerdem gern mal aus seinem Arbeitszimmer von zu Hause aus an. Vor allem, wenn es dort wieder einmal zu heiß wird.

Er: »Hallo Sohn, machst du etwas Gutes aus diesem Tag?«

Ich: »Hey. Na ja, ich sitze im Büro und arbeite an –«

Er: »Du hast nichts von mir gelernt.«

Ich: »Aber ich muss etwas bis Dien-«

Er: »Nichts gelernt.«

Dann in Richtung meiner Mutter, die sich offenbar zwei Räume weiter befindet:

»Glaubst du das? Dein Sohn sitzt im Büro und arbeitet. Bei diesem Wetter. Ja, habe ich auch gesagt. Nichts gelernt.«

Ich: »Ich habe eben einen Spaziergang gemacht.«

Er: »Meinst du damit deinen Weg zur Arbeit?«

Pause.

Ich: »Womöglich.«

Er, wieder zu meiner Mutter, die mittlerweile in einer anderen Stadt sein muss, so laut ruft er:

»Dein Sohn weiß nicht das gute Wetter zu genießen. Er war heute praktisch noch nicht draußen. Ja, ich weiß, dass er Heuschnupfen hat.«

Ich: »Vater, ich habe keinen Heuschnupfen.«

Pause.

Er: »Was?«

Ich: »Das ist Alex.«

Er: »Wer?«

Ich: »Mein Bruder. Dein Sohn. Du kennst ihn.«

Er: »Der hat doch keinen Heuschnupfen!«

Plötzlich flüstert mein Vater. Meine Mutter scheint wie der weiße Hai aus dem Nichts aufgetaucht zu sein:

»Hat dein Sohn Heuschnupfen? Nein, Alex. Wie, der auch!?«

Ich: »Ich habe keinen Heuschnupfen!«

Er: »Warum hast du dann nie beim Rasenmähen geholfen, sondern bloß immer auf der Schaukel gesessen?«

Pause. Nach Jahren bin ich aufgeflogen.

Ich: »Ich muss jetzt wirklich weiterarbeiten, Paps.«

Er: »Wirst du heute noch ein Eis essen?«

Ich: »Womöglich.«

Er: »Mein Sohn, das Wetter. Mach deine Mutter nicht unglücklich. Iss ein Eis.«

Ich: »Kann ich sie kurz sprechen?«

Er: »Sie ist schon weg.«

Auch ermüdende Lehrgänge scheinen zu solchem Austausch anzustiften, dieses Mal via SMS. Es war der Tag, an dem mein Vater ein Interview von mir über antisemitische Vorfälle an der Uni gelesen hatte, wie er mir nur eine Stunde zuvor schrieb.

Er: »Bin immer noch in Flensburg auf Fortbildung. Wie geht es dir, mein Sohn?«

Ich: »Ich lebe. Trotz Masterarbeitsstress und allerlei anderem. Wie ist Flensburg im November?«

Er: »Kalt, nass und langweilig. Wie in jedem Monat.«

Nochmals er: »Als Kind wolltest du nie mit nach Flensburg, wenn deine Mutter und ich dahin wollten. Du hattest Recht.«

Ich: »Tut mir leid zu hören. Worum geht der Lehrgang?«

Er: »Spionage-, Sabotage- und Terrorismusabwehr. Ich habe eigentlich schon zu viel geschrieben.«

Ich: »Klingt aber spannend.«

Er: »Es ist ein Lehrgang. Kein Lehrgang der BW (Bundeswehr, Anm.) ist spannend.«

Nochmals er: »Du schaffst das mit deiner Masterarbeit und allem schon, mein Sohn!«

Ich: »Danke, Paps. – Und hab du noch viel Erfolg beim Lehrgang!«

Er: »Muss das Beste daraus machen (Essen).«

Ich: »Ist das Essen denn gut?«

Er: »Nein. Ich bin in Flensburg. Aber es ist umsonst.«

Ich: »Amen!«

Er: »Haha.«

Und nach einer Weile:

»Sei immer vorsichtig. Einen schönen Abend noch, dein Vater«

Noch kein SMS-Wechsel mit meinem Vater war so lang. Das sagt sehr viel über Flensburg aus. Denn normalerweise sieht ein SMS-Wechsel mit ihm wie folgt aus.

Er: »Sohn, alles o. k. bei dir?«

Ich: »Ja, die universitären Belange lassen sich bewältigen, und ich habe Zeit in synagogaler Einkehr und mit Freunden verbringen können. Gerade war ich – die Sonne lud dazu ein – mit einer lieben Freundin spazieren. Wir belohnten unsere getanen Schritte in einem Bauerncafé mit Torte (sie) und Limonade (ich). Wie geht es dir? Ist zu Hause alles in Ordnung? Und wie sieht es bei den anderen in der Familie aus? Wart ihr heute bei dem guten Wetter auch unterwegs, oder drängen die Wasser auch im Norden über die Ufer? Viele gute Grüße!«

Er: »Gut. Zu den Fragen: 1. Mäßig (Nachbarn). 2. Unverändert. 3. z.T. gut, z.T. unbekannt. 4a. Nein. 4b. Nein. Pass auf dich auf, mein Sohn!«

Neben John Daniel's spielt auch Johnny Cash eine tragende Rolle im Leben meines Vaters, wie in Gesprächen immer wieder deutlich wird.

Er: »Also worüber ärgerst du dich jetzt genau?«

Ich: »Dass ich nun tatsächlich das Talent eines Sängers bewundere, der jünger ist als ich. Ich komme nicht darüber hinweg. Das kam bislang noch nicht vor. Und dieser junge Mann – ich sage bewusst ›dieser junge Mann‹, weil ich ja älter bin, also ist es nur legitim – ist sogar sechs Jahre jünger als ich. Sechs Jahre. Da denkt man sich, was man so alles werden könnte. Später einmal. Und dann ist da ein gerade einmal Zwanzigjähriger und ist es schon. Also eine Variante. Ich bin zu spät.«

Er: »Das musst du akzeptieren, mein Sohn. Ich musste das auch akzeptieren lernen. Damals. Bei Johnny Cash.«

Ich: »Vater, du bist aber nicht älter als Johnny Cash.«

Er: »Sohn, es gibt vieles, was du nicht über mich weißt.«

Ich: »Du bist nicht älter als Johnny –«

Er: »Vieles, was du nicht über mich weißt!«

Ich: »Paps, er ist Jahrgang '32 gewesen und du –«

Er: »– was du nicht über mich weißt! Vieles, mein Sohn, vieles.«

Ich: »1959 ist dein Jahrgang, Vater.«

Er: »Du kennst mich gar nicht.«

Ich muss lachen.

Er: »Ja, ja. Johnny Cash. Da musste ich es einsehen.«

Jetzt muss er auch lachen.

Ich: »Hör dir morgen vor der Arbeit das Lied von dem viel

zu jungen Musiker an, das ich dir gleich schicke. Das ist ein wirklich gutes Lied für einen neuen Tag.«

Er: »Ja, mein Sohn.«

Pause.

Er: »Du weißt, dass ich nicht wirklich älter bin als Johnny Cash, oder?«

Ich: »Gute Nacht, Vater.«

Mein Vater ist kein Freund von Familienfeiern. Zum runden Geburtstag eines Schwagers hat er eine für meine Familie typische Einladung erhalten. Zeit also, kurz die fünf Elemente einer solchen Einladung aufzuschlüsseln:

1. Die Einladung ist äußerst nüchtern, lakonisch gehalten. Kein Gedicht, keine Bilder; geradezu schnörkellos. Einladungen meines Vaters sind stets im Telegrammstil gehalten: »Wieder Geburtstag – Stopp. Essen achtzehnhundert – Stopp. Kaisersaal – Stopp. Keine Geschenke – Stopp.«
2. Absagen sind nicht vorgesehen. Man kann eine Einladung nie bestätigen, sondern hat ein paar Tage Zeit anzurufen, um extra abzusagen. Das ist eine Falle: Man wird von jedem meiner Verwandten dann doch noch zum Kommen bequatscht. Meinem Vater sind Absagen indes egal: »Eine Absage, mein Sohn, bedeutet, dass ich entweder weniger Geld ausgeben muss oder mehr John Daniel's für mich bleibt.«
3. Die Mitnahme eines Partners wird ungeachtet des wirklichen Beziehungsstatus – ich werde von einer Tante z. B. als »Levi & Freund(in)« adressiert – nicht nur begrüßt, sondern verlangt. Nicht aber von meinem Vater, denn siehe Zitat unter 2. oben.
4. Es wird betont, dass jeder Gast schon etwas zu essen finden wird, auch wenn er sich vegetarisch, vegan, koscher,

allergiebedingt, trennköstlerisch oder neurotisch ernährt. Man könnte nun meinen, dass mein Vater auch da ausschert, doch nein, es möge ja jeder satt werden.
5. Jede Einladung endet mit irgendeiner unsinnigen Aufforderung, mit der ich nicht gerechnet habe, wie bei der Einladung zu einer »Sommernachtsgartenparty«, bei der darum gebeten wurde, den Sonnenblumen im Garten entsprechend irgendetwas Gelbes zu tragen ... Ich halte mich niemals an diesen fünften Punkt. Mein Vater auch nicht.

Erst nach dem runden Geburtstag des Schwagers war ich einmal mehr in die alte Heimat gereist. Mein Vater holte mich vom Bahnhof ab. Während der etwa einstündigen Heimfahrt war er zum Plaudern aufgelegt. Er sprach davon, wie er auf dem Geburtstag eine Rede gehalten hatte. Darin sollte er die charakterlichen Vorzüge und Verdienste des Schwagers hervorheben. »Meine Rede dauerte eine halbe Minute«, meinte mein Vater. »Sie bestand aus einer Begrüßung und einem zotigen Witz.« Ich stutzte: »Aber du solltest doch über seine Verdienste sprechen!?« – »Na ja«, überlegte mein Vater, »ich erwähnte ihn ja in dem zotigen Witz. Und darin macht er eine gute Pointe. Das ist doch ein Verdienst. Mehr kann man nicht erwarten, mein Sohn. Mehr kann man nicht erwarten.« Das Leben ist eben hart, aber ungerecht.

Unsere Gespräche erschöpfen sich also nicht in Telefonaten, sondern geschehen durchaus vis-à-vis. Meist aber nur während langer Autofahrten. Ein einziges Mal auch beim Frühstück mit meinem Vater.
Er: »Sohn, ich hatte darüber nachgedacht, mir wieder ein Motorrad anzuschaffen.«

Ich: »Oh ... Hm. Ich glaube nicht, dass Ma ...«

Er: »Ja, sie hasst es. Sie hasst es. Sie will nicht, dass ich wieder Motorrad fahre. Sie meint, ich sollte mir besser ein Instrument zulegen.«

Ich: »Ein Instrument? Was denn für ein Instrument?«

Er: »Ich weiß nicht. Kann ich mir aussuchen. Irgendwas, was deine Mutter nicht ausstehen würde. So sehr, dass sie davon nicht einmal ihren Freundinnen erzählen würde ...«

Ich lache auf.

Ich: »Und woran hast du da gedacht?«

Er: »An ein Sousaphon. Das klingt schon albern. Würde sie nie jemandem erzählen.«

Ich: »Ein Sousaphon!? Der ganze Aufwand also nur, damit niemand bekommt, was er will?«

Er, etwas verschämt: »Ich wollte schon immer Sousaphon lernen ... Das ist ein wirklich schönes Instrument. Das ... war immer mein Wunsch.«

Ich bin ehrlich erstaunt.

Ich: »Oh. Entschuldige ...«

Er lacht: »Schon gut. Ich übe nur schon mal für deine Mutter!«

Man kann viel von seinem Vater lernen. Und natürlich auch von seiner Mutter. Deshalb überlasse ich ihr hier das letzte Wort:

»Mein lieber Sohn, gerade wird im Radio *What the world needs now* gespielt, und da muss ich daran denken, wie du das früher als Kind laut und fröhlich mitgesungen hast, wenn du mir beim Kochen geholfen hast und das nebenbei auf CD gelaufen ist. Das war für mich immer ein schöner Moment, und wenn es mir mal nicht gut ging, hat es mich aufgeheitert. Ich habe dich sehr lieb, Mama.«

8

KAKAO, KURDEN UND KRAWALL –
BEIM EINKAUFEN NEUE FREUNDE FINDEN

Die erste antisemitische Begebenheit, die ich vor einigen Jahren öffentlich auf Facebook postete, spielte sich in einem kleinen Düsseldorfer Supermarkt ab. Wie beim Nutzen des Nahverkehrs bewegt man sich auch beim Einkaufen auf öffentlichem Parkett. Ich kann mir nicht aussuchen, wer sich gerade an mir auf der Rolltreppe zur Herrenabteilung vorbeidrängt oder mit wem ich vor dem Milchregal stehe. Auch Nazis kaufen Milch.

Seit Studienbeginn habe ich von unangenehmen Begebenheiten öffentlich berichtet, allerdings nur sichtbar für Freunde. Ich wollte nicht, dass fremde Menschen mich bemitleiden, und nahm ohnehin nicht an, dass meine Alltagsbegegnungen jemanden außerhalb meines Freundeskreises interessieren könnten.

Doch an jenem Tag im mir so vertraut gewordenen kleinen Supermarkt fühlte sich die Situation anders an als sonst. Ich war in meiner überschaubaren, verschlafenen, ziemlich kleinbürgerlichen Nachbarschaft aus Gärtnereien und rheinischen Schützenvereinen, und ich kannte die Menschen dort. Der Supermarkt um die Ecke war ein Safe Space, ein sicherer Ort. Dort passierte doch nie etwas. Dort scherzte man mit dem Kassierer am Band, bevor man zurück nach Hause stiefelte. Dort interessierte es niemanden, dass ich jüdisch bin.

Es erwischte mich kalt, als dann zum ersten Mal etwas in meiner unmittelbaren Nachbarschaft geschah. Ich hielt darüber Folgendes fest:

Es ist Zeit für »The Joys of being Jewish!«. Heute: Blöd angemacht werden an der Supermarktkasse – für Fortgeschrittene

Ich flüchte vor dem Regen in den Supermarkt bei mir um die Ecke. Eine gute Gelegenheit, um einkaufen zu gehen. Milch brauche ich unbedingt, und beim Schlendern durch die Regale fallen mir natürlich noch ein paar Dinge ein, die bestimmt zu Hause fehlen.

Eine knappe Viertelstunde später stehe ich an der Kasse. Ich bin der Letzte, den die Kassiererin noch bedienen möchte, bevor sie ihre Schicht beendet. In der Schlange an der Nebenkasse steht ein Herr mit genau zwei Produkten in den Händen an, bei dem ich direkt dieses kaum zu greifende Gefühl bekomme, dass es Ärger geben wird. Er sieht mich kritisch an, ich lächle schwach, aber aufrichtig zurück, er schaut finster. Ein seltsamer Austausch. Vor mir ist eine ältere Dame, die mit dem automatisierten Geldeinzahlsystem des Supermarkts nicht zurechtkommt, sodass ich ihr kurzerhand behilflich bin. Hier ein größerer Geldschein hinein, da kommt das Wechselgeld hinaus. Machen Sie sich keine Gedanken, irgendetwas passend hineinstecken zu müssen, funktioniert alles auch so tadellos. Genug Geld zurückbekommen, ja? Der Maschine kann man vertrauen, wunderbar. Die ältere Dame schaut zufrieden, als sie den Laden verlässt.

Ich bin an der Reihe und stelle fest, dass der Herr von der anderen Schlange nun hinter mir steht. Mit seinen zwei Kleinigkeiten könne er doch wohl noch hier zahlen, meint er ruppig. Die junge Kassiererin stimmt widerwillig zu. Sie beginnt mit meinem Einkauf, den der dubiose Herr penetrant analysiert: Cornflakes, Erdbeeren, Himbeeren, Lachs ... »Ah ja«, sagt er anklagend und macht dabei eine kreisende Handbewegung über seinen Hinterkopf, die zu verstehen gibt, dass er meine Kippa registriert hat (ein wahrer Sherlock!). Ich ignoriere ihn. »Schön, dass Sie sich solche Sachen leisten können«, gibt er gehässig in einem Dialekt von sich, den ich nicht zuordnen kann, und hebt kurz meine Tafel Lindtschokolade an, die auf dem Kassenband liegt. Warum muss die auch ausgerechnet golden verpackt sein? Er muss das für echtes Gold halten. Ich versuche, ihn weiter zu ignorieren, und packe die Milch in meinen schwarzen Jutebeutel. Die Kassiererin wirft mir einen irritierten Blick zu. Ich erwidere ihn.

Es geht ans Bezahlen, weshalb ich meine Bankkarte heraushole, die zu allem Überfluss ebenfalls goldfarben ist (notabene: weil sie ein Jubiläum ausweist und nicht Millionen auf meinem Konto). Der Mann schüttelt entnervt den Kopf. »Mit welchem Geld bezahlen Sie das denn eigentlich?« Ich gebe die PIN ein, nehme meine Karte zurück, lächle und verabschiede mich beiläufig mit: »Wiederbeschafftes Nazigold.« Der Herr glaubt mir aufs Wort und guckt böse drein. Also gehe ich zügig und lasse ihn und die Ironie an der Kasse stehen.

Ich ging sogar sehr zügig, denn mein mulmiges Gefühl blieb. Der Mann machte mir Angst, weil er etwas Unberechenbares an sich hatte. Wollte er mir nur ein schlechtes Gefühl bereiten, oder würde er mich draußen vor dem Supermarkt konfrontieren, vielleicht sogar angreifen? In meinem Facebook-Beitrag habe ich ihm nicht das letzte Wort gelassen, obwohl er mir noch etwas ziemlich Widerliches nachgerufen hat. Noch Tage später beobachtete ich wachsam die Menschen in meiner Nachbarschaft. War dieser Mann unter ihnen? Würde er womöglich an der Bushaltestelle auftauchen, an der ich stand, oder mich in der Apotheke oder beim Friseur sehen? Wo wohnte er wohl? In meiner Straße? Konnte ich ihm überhaupt aus dem Weg gehen? Meine Oma bestärkte mich am Telefon: »Man sollte keine Angst vor den Dingen haben, die man nicht kommen sehen kann. Das heißt nicht, dass man seine Haustür nicht abschließen soll, aber es heißt auch nicht, dass man keinen Schritt nach draußen wagen kann. Die Freiheit darf man sich von niemandem nehmen lassen – auch nicht von der eigenen Angst.«

Ich behielt meine Kippa auf und konzentrierte mich nicht länger darauf, was Schlimmes passieren könnte. Stattdessen fing ich an, über diese unangenehmen Begegnungen auf Facebook zu berichten, für jeden lesbar. Ich gab den Dialog so wieder, wie ich ihn noch in Erinnerung hatte. In kurzen Sätzen. So, wie sich die Situation zugetragen hat. Aber ich beschrieb meine Angst in der Situation nicht. Ich zeichnete den Mann nicht so unheimlich, wie er auf mich gewirkt hatte. Diese Innenansicht war nicht für die Öffentlichkeit bestimmt. Die Geschichte sollte keinen Epilog aus Unsicherheit haben, sondern eine Pointe. Nicht, um für andere erbaulich zu sein. Diese Pointe schrieb ich für mich. Denn sie erinnerte mich daran, dass der Mann meine Angst nie gespürt hatte. In seiner Wahrnehmung hatte sein Einschüchterungsversuch eine schnippische Absage bekommen, und seine weiteren Beschimpfungen wurden im Weggehen ignoriert. Dieser unverschämte Jude hatte sich ja nicht ärgern lassen wollen. Er war souverän geblieben und behielt das letzte Wort. Das gefiel mir.

GUT GEKÜHLTER JUDENHASS

Leider endet nicht jede Geschichte mit einer guten Pointe. Während einer Offensive im Zuge des Gaza-Konflikts im Jahr 2014 kam es zu einer Vielzahl besonders schlimmer antisemitischer Vorfälle in Deutschland. Von einigen konnte man in der Zeitung lesen. Auch ich bekam die Auswirkungen des Konflikts hautnah zu spüren.

Ich stehe am Kühlregal im Supermarkt und packe Milch in meinen Einkaufskorb. Ein südländischer Herr mit gescheitelter Gelfrisur und schlechtsitzender Krawatte stellt sich demonstrativ neben mich.
    Er schreit aggressiv: »Ihr Scheißjuden seid alle Kindermörder!«
    Ich bin ziemlich geschockt.
    Nach einem Moment erwidere ich: »Ähm ... wie bitte, Sie Widerling!?«
    Darauf er, als habe er mich eines Verbrechens überführt: »Du hast mich schon verstanden!«
    Er geht.
    Eine Dame, die Coco Chanel ähnelt, hat das mitangehört. Sie hält eine Glasflasche Milch in den Händen und

richtet sich empört an mich: »Was haben Sie da gerade gesagt!?«

Ich? Ich bin verwirrt. Ich schüttele entrüstet den Kopf. Das kann doch nicht wahr sein. Verwechselt sie mich gerade? Hat sie nicht gesehen, wer was gesagt hat!?

Ich frage entrüstet nach: »Meinen Sie mich!? Haben Sie nicht gehört, was der Mann ...?«

Darauf sie, so als habe sie mich des überführten Verbrechens unlängst für schuldig befunden: »Doch, das habe ich. Er hat doch Recht! Ich kenne Ihre Leute ganz genau.«

Sie geht. Zwei andere Menschen im Gang schauen mich irritiert und skeptisch an. Sie hatten nur gesehen, wie die Dame mich laut und bestimmt verurteilt hat. Ich muss an die Redewendung »im falschen Film« denken. Im Drehbuch dieses gerade laufenden Films wird der unschuldige Protagonist wüst mit einer scheußlichen und absurden Anschuldigung konfrontiert. Eigentlich sollte er daraufhin von der beistehenden Dame verteidigt werden. Oder zumindest Solidarität von ihr erfahren. Doch stattdessen verteidigt sie den Angreifer und stimmt in seinen verbalen Angriff sogar noch mit ein. So hätte der Film nicht weitergehen sollen. Das ergibt einfach keinen Sinn.

Da stehe ich nun und weiß nicht weiter. Ich starre die Aufschrift der Milch in meinem Einkaufskorb an. Auf ihr bilden sich erste Kondenstropfen. Wie Tränen, muss ich denken, würde das aber im Film den Protagonisten nie sagen lassen oder in einer Geschichte schreiben, weil das kitschig klänge. Aber an den Vergleich dachte ich in diesem falschen Film.

Ich will jetzt nicht mehr in diesem Gang mit den beiden Schaulustigen stehen, die mich noch immer wortlos anstarren. Ich will gar nicht mehr einkaufen. Ich will nach Hause. Also stelle ich die traurige Milch zurück ins Regal, bringe den Einkaufskorb weg und verlasse den Supermarkt.

UNGEAHNTE NACHBARSCHAFTSWACHE

Im Supermarkt um die Ecke stehe ich vor dem Cerealienregal und überlege, welche Werbefigur auf den Verpackungen mich am meisten anspricht, als mich ein betagter Herr anspricht. Er trägt ein kariertes Hemd, darüber einen Pullunder, im Gesicht eine goldene Drahtbrille, in seinem sehr dünnen weißen Haar einen Seitenscheitel. Er sieht abgemagert aus und ist etwas wackelig auf den Beinen.

»Sagen Sie, Sie wohnen doch hier in der Straße, ja?«, fragt er freundlich lächelnd.

»Das tue ich. Genau. Fast schon unten bei den Gärtnereien«, erwidere ich.

Sein Lächeln wandelt sich zu einem großväterlich sorgenvollen Gesichtsausdruck.

»Ja, meine Frau sah Sie dort öfter mit Ihrer Kippa auf dem Bürgersteig gehen. Aber jetzt tragen Sie immer einen Hut. Sie hat sich schon Sorgen gemacht.«

»Sorgen?«, frage ich verwundert.

»Ja, dass Sie sich nicht mehr mit Käppchen auf die Straße trauen.«

Der ältere Herr scheint sich ganz ehrliche Sorgen zu machen. Ich will ihn mit der nüchternen Wahrheit beruhigen.

»Oh doch, doch. Es ist nur ziemlich kalt draußen. Da trage ich lieber noch einen Hut über meiner Kippa.«

Er ist nur vorsichtig erleichtert.

»Gut. Ich finde es gut, dass Sie Ihr Käpp..., Ihre Kippa auf der Straße tragen. Ich habe ehrlich gesagt von Ihnen gelesen. Und ich finde jedenfalls gut, dass Sie das machen. Ich will nicht, dass es hier für Sie und andere so gefährlich wie in Paris wird. Und auch nicht mal nur so wie in Dresden mit Pegida. Hier in unserer Straße und Stadt, da sollen Sie sich keine Sorgen machen müssen. Da soll sich keiner Sorgen machen.«

Was bei vielen naiv oder daher gesagt klänge, meint dieser Herr ganz aufrichtig.

Ich gebe ihm die Hand.

»Danke. Das ist sehr anständig von Ihnen«, gebe ich ihm mit auf den Weg.

»Nein, ich sage Ihnen, das ist bloß gesunder Menschenverstand«, wiegelt er freundlich ab und geht zum nächsten Regal.

Ich hatte den Herrn noch nie zuvor in der Nachbarschaft wahrgenommen und habe ihn erst seit dieser Begegnung immer wieder getroffen. Seine wunderbar resolute Frau ebenso, die sich jedes Mal nach meinem Befinden erkundigt. In der Großstadt kennst du nie alle in deiner Nachbarschaft, aber alle kennen den dünnen Mann mit der Kippa. Das ist oft unheimlich, doch es bedeutet auch, dass so mancher auf dich Acht gibt.

MESSER, KAKAO, SCHERBE

Ich stehe nachts frierend am Kölner Bahnhof und halte meinen Mantel in der Hand. Es ist Dezember und bitterkalt. Mein Mantel ist voller zähflüssiger, klebriger heißer Schokolade. Ich kralle meine Finger voller Wut in die sauber gebliebenen Mantelteile und denke nur immer wieder: Nein, den werde ich jetzt nicht anziehen, auch wenn ich friere. Nein, ich gehe damit nicht durch die Bahnhofshalle oder zur Straßenbahn oder zum Taxi. Nein, ich gehe so beschmiert, so stigmatisiert keinen einzigen Schritt. Mein Stolz pocht von innen gegen meinen Brustkorb, und ich merke, dass ich am liebsten weinen würde, doch stattdessen presse ich die Finger noch tiefer in den Stoff.

Meine Oma hatte mir das Geld für diesen Mantel gegeben. Sie wollte, dass ich mir einen Mantel kaufe, der mir jahrelang gute Dienste leisten würde. Einen Mantel, den eine Schneiderin extra umgenäht hatte, damit er mir wie angegossen passte. Ich hatte noch niemals so viel Geld für ein Kleidungsstück ausgegeben; meine Oma hatte auf einen hochwertigen Wintermantel Wert gelegt, der gut wärmen sollte, aber elegant und »hanseatisch-städtisch« aussehen sollte, was in den Worten meiner Oma bedeutete, dass der Mantel nach einem Hamburger Bildungsbürger aussehen sollte, auch wenn ich in dieser Zeit in Düsseldorf lebe. Ich hatte immer so peinlich genau auf diesen Mantel aufgepasst und ihn gehegt und gepflegt, doch nun habe ich versagt. Der Mantel ist voll klebrigem Kakao von außen und sogar von innen.

Zu Hause angekommen, ärgere ich mich fürchterlich darüber, dass ich keinen Hut über meiner Kippa getragen hatte, als ich am späten Abend ausgerechnet noch am Kölner Bahnhof nach einer Einkaufstour gewesen bin. Ich hätte mich viel eher auf den Heimweg nach Düsseldorf machen müssen, dachte ich. So als wäre es meine Schuld gewesen, dass ein Typ seinen Judenhass an mir ausgelassen hat. Irgendetwas in Richtung »Du scheiß Jude« hat der Mann gesagt, bevor er sein Heißgetränk über mich gegossen hatte. Wie würde ich das erst meiner Oma mitteilen, wenn sie mich am Telefon einmal mehr fragt, ob der Mantel denn auch wirklich warm genug wäre und ich gut auf ihn Acht geben würde. Meiner Oma wäre es natürlich vollkommen egal, was mit dem Mantel passiert ist, solange es mir gutgeht. Aber es würde mich trotzdem beschämen, davon erzählen zu müssen, hatte es doch Faktoren gegeben, die ich selbst in der Hand gehabt hatte: Ich hätte inkognito mit unauffälliger Kopfbedeckung unterwegs sein können, ich hätte eher fahren können, ich hätte mich häufiger umdrehen können, ich hätte zu Hause bleiben können, denke ich, auch wenn ich mich damit schuldlos zum Mittäter mache.

Ich hatte nur einen Moment in der Bahnhofshalle gestanden, als dieser Typ sich feige angeschlichen hatte. Nur einen Moment war ich unaufmerksam gewesen und jetzt diese Bescherung. Erschöpft schaue ich auf meine Einkäufe aus Köln, die noch immer in ihren Tüten schlummern, und ich kann mich ernsthaft nicht mehr daran erinnern, was überhaupt darin ist. Über all den Ärger und Frust dieses Abends, aber auch, weil ich mir alles, was während dieser kurzen Attacke geschehen war, genau einprägen möchte, weiß ich nicht einmal mehr, für welche Sachen ich überhaupt extra nach Köln gefahren war.

Später, beim Versuch, den Mantel wenigstens grob zu reinigen, denke ich plötzlich: Das hätte auch ein Messer sein können. Dann würde man Blut statt Kakao aus der Wolle entfernen müssen. Das würde dann wohl aber nicht mehr ich selbst tun können.

Als ich tags darauf auf dem Weg zur Reinigung bin, um meinen Mantel säubern zu lassen, und dies mit einem längeren Spaziergang verbinde, muss ich über die letzten Ereignisse nachdenken, die ich nicht sofort zu Papier gebracht hatte.

Ich war darum gebeten worden, einen kurzen Artikel für eine Zeitschrift darüber zu schreiben, ob mit den Geflüchteten auch ein neuer Antisemitismus ins Land kommen würde. Auf wenig Platz versuchte ich lediglich darauf hinzuweisen, dass da nichts Neues ankommen wird. Der Judenhass ist schon da – und gegen ihn wird zu wenig unternommen, weil viele Menschen hierzulande glauben, es gäbe ihn gar nicht mehr. Dabei gibt es ihn nicht nur von rechts, links, unter einigen Christen und Muslimen, sondern auch in der gesellschaftlichen Mitte, was am gefährlichsten ist.

Denn die Mitte der Gesellschaft und ihre Institutionen wollen bestimmen, was Antisemitismus ist und was nicht. Und viel zu oft wollen sie mir erklären, was das ist, was mir widerfährt. Meistens aber wollen sie mir lediglich erklären, dass das, was mir widerfährt, kein Antisemitismus wäre. Selbst wenn jemand wie nach dem letzten Kinobesuch zerbrochenes Glas nach mir wirft und dabei »du Judenschwein« ruft. Denn vielleicht, so wurde mir nach jenem Ereignis von einem Polizisten erklärt, hätte der Glas werfende junge Mann ja meine Kippa gar nicht gesehen oder seinen Schmähruf als unter Jugendlichen typische Beleidigung verwendet, oder aber ich hätte mich womöglich gar bei der Beleidigung verhört! Nebst derlei Relativismus und Negierung erhält man indes oft auch mehr oder minder hilfreiche Vorschläge – oder gar Kritik (Polizist: »Warum sind Sie denn nicht stehen geblieben und haben den Mann nach seinem Motiv gefragt?«, Kommilitone: »Mensch, dem hättest du die Meinung sagen sollen!«).

Auf meinen Artikel reagierten einige Kommentatoren

mit Unverständnis, Wut und/oder Verschwörungstheorien. Antisemitismus? Der wäre doch seit '45 vorbei! Kenne man nur noch aus den Geschichtsbüchern. Außerdem wären die Juden immer selbst an ihm schuld gewesen! Die anstößigsten Leugnungen meiner Aussagen bestätigten sie lediglich. Da waren sie wieder, die Leute, die mir erklären wollten, dass es gar kein Problem gäbe. Und falls doch, wäre es meine eigene Schuld.

Ein Herr recherchierte sogar, bei wem genau ich angestellt bin, um meine Chefin in einer E-Mail anstößigen Inhalts (man wird nicht jeden Tag als »Feind der Menschheit« bezeichnet) mit der dringenden Bitte zu belästigen, mir seinen frechen Unfug weiterzuleiten. Er erbettelte eine Reaktion, die ich ihm natürlich verweigerte.

Tags nach den Anschlägen in Paris im November 2015 fragte mich nahe einer Kaserne in Westfalen ein Herr vom Militär dann in schroffem Ton, ob mir eigentlich bewusst sei, dass ich als Jude schon ein ziemliches Sicherheitsrisiko für die Stadt und die Menschen darin wäre. Hatte er mir nun Mitverantwortung zuschieben oder mir einfach nur ein schlechtes Gewissen machen wollen?

Und was war mit der Frau, die hinter mir am Getränkeautomat im Düsseldorfer Bahnhof, als ich nur einen Moment zu lang nach den richtigen Münzen in meinem Portemonnaie gesucht hatte, wütend grummelte: »Die Juden glauben wohl, die können sich wieder was erlauben!«? Wieder etwas erlauben? Wieder? Was bitte sollen wir uns in der Vergangenheit »erlaubt« haben? Und warum wollte sie mir das halblaut mitteilen?

Ich hatte vor Kurzem bei einem Filmprojekt mitgemacht, das Antisemitismusaufklärung an Schulen zum Ziel hat und bei dem ich gefragt wurde, weshalb ich eigentlich trotz meiner zuvor lang und breit geschilderten Erfahrungen mit Antisemitismus in Deutschland bleiben würde. Die Interviewerin fragte vielmehr elliptisch: »Warum dann Deutschland?« Ich schaute in ihr Gesicht, dann in die Kamera und wusste nicht recht zu antworten. Denn nach einer Stunde voller Anekdoten von Judenhass aus meinen letzten Jahren schien diese Frage gar nicht mehr so leicht zu beantworten zu sein. Und ehrlich gesagt habe ich sogar die Antwort vergessen, die ich improvisierte.

Vielleicht hätte ich antworten sollen, dass ich schlichtweg zu stur bin. Es gibt einfache und schwierige Lösungen, richtige und falsche. Meine Kippa an jenem kalten Dezemberabend am Kölner Bahnhof abzusetzen oder darüber einen Hut zu tragen, ist eine einfache Lösung, aber nicht die richtige. Das Land zu verlassen darf auch nicht die Lösung sein. Ich bin nicht die Ursache des Problems.

Ich war nicht schuld daran, dass ein widerlicher Judenhasser mit heißem Kakao meinen Mantel beschmierte. Das war allein die Schuld dieses Antisemiten. Trotzdem werde ich in Zukunft wachsamer sein und häufiger inkognito, also unfrei unterwegs sein müssen, gerade dann, wenn andere um mich herum sind. Ich hatte es immer als sicherer empfunden, wenn ich mit anderen Menschen unterwegs gewesen bin, aber dem Angriff mit der heißen Schokolade war auch meine Begleitung ausgesetzt. Der Kakao traf ihren Kopf, ihre Jacke und Tasche.

Meine Oma sagte mir einmal: »Sicherheit ist kein Zustand außen, sondern nur ein Gefühl innen. Es lässt zu, uns freier zu bewegen, aber leider auch vergessen, dass es keine Garantie auf Unversehrtheit bietet.«

GIB DEM AFFEN TRAUBENZUCKER

Ich betrete noch mit Kopfhörern in den Ohren die Apotheke. Sie ist leer. Keine Kunden, keine Bedienung. Ich wundere mich, trete also zwei Schritte zurück, um zu schauen, ob sie wirklich geöffnet ist. Das ist zugegeben einigermaßen absurd, weil ich ja in der geöffneten Apotheke stehe. Da erblicke ich ein »Wir sind gleich wieder für Sie da«-Schild auf dem Tresen. Ich schaue auf meine Uhr, achte dabei indes gar nicht darauf, was sie anzeigt, denke mir aber trotzdem, dass ich ja Zeit habe. Und denke auch: Dann suche ich mir mal das beste Lied zum Warten in einer Apotheke aus. Ich entscheide mich für *Just like a pill* von Pink.

Zuerst bewege ich bloß meine Lippen passend zum Text mit, werde dabei aber expressiver, wispere mit, vielleicht singe ich irgendwann auch deutlich hörbar mit. Diese Pink bekommt mich dann eben doch mit ihrem griffigen Refrain. Und da mir eh etwas hibbelig zumute ist, mag es sein, dass ich mit Schultern, Kopf und Füßen einen dezenten Auftritt anstimme. Gut, vielleicht gibt es noch den einen oder anderen Schnipser. Und vielleicht eine, nur eine Andeutung eines Luftschlagzeugs. Als Pink besonders frustriert zur letzten Wiederholung des Refrains ausholt, ich passend auf das imaginierte Schlagzeugbecken schlage und dabei auf meine linke Hand schaue, weicht mein Blick ab auf eine schmale verspiegelte Säule. Darin spiegeln sich drei Damen, die in einem Nebenraum sitzen. Zwei von ihnen halten Kuchenteller. Aber alle drei schauen mich heiter im Spiegel an. Ich erstarre – und senke den Blick. Vielleicht haben sie ja gar nichts gesehen. Ich werde rot, fürchte ich. Ganz bestimmt bin ich jetzt rot vor Scham. Egal.

Cool bleiben. Sie haben schon nichts oder nur wenig gesehen.

Ich nehme die Kopfhörer raus und trete an den Tresen, denn eine der Damen kommt schon von der Seite nach vorn geeilt. Sie begrüßt mich mit schallendem Lachen. Das ist nur rheinische Freundlichkeit, rede ich mir ein. Ich lächle und biete ihr mein Rezept an. Ihre Kolleginnen kommen nun auch nach vorn. Sie grüßen heiter, eine zwinkert mir neckisch zu, eine andere wischt sich kichernd eine Träne aus dem Auge. Die Apothekerin kommt zurück, und ich bezahle, während ich davon spreche, wie praktisch doch verspiegelte Säulen seien.

»Ja ...«, meint die Dame verschmitzt, »damit hat man immer im Blick, was hier vorne so vor sich geht. Tja ... – wir haben alles gesehen!«

Ihre Kollegin, die immer noch kichert, wirft leicht lallend von der Seite ein: »Uuund gehört! Oh ... Lalle ich? Ich hoffe, ich lalle nicht. Wir hätten Sie ja unterbrochen, aber wir waren uns unsicher, ob das nicht ... ob das nicht ein Geburtstagsständchen für mich ist. Dafür gibt's jetzt jedenfalls ordentlich Traubenzucker aufs Haus! Hat mir sehr, sehr gut gefallen! Und darf ich sagen: Sie mit Ihrer Kippa auf dem Kopf so fröhlich lachend und tänzelnd zu sehen – da geht mir echt das Herz auf. So sollte das für alle Menschen immer und überall sein!«

In vino veritas.

MEIN FREUND

Nach einem mittelschweren Bahnchaos wegen eines einzelnen umgestürzten Baumes komme ich eines Abends nach langer Fahrt am späten Abend wieder in Münster an. Ich bin erschöpft. Plötzlich überkommt mich ein starkes Verlangen nach Schokolade. Auf den letzten Metern vor meiner Wohnung ist glücklicherweise ein Kiosk, in dem ich noch nie gewesen bin. Als ich den Kiosk betrete, stehen zwei Herren dort, die Kurdisch miteinander sprechen und dabei viel lachen. Sie verstummen für einen Moment, als ich nähertrete. Der eine ist jung, vielleicht Mitte zwanzig, und schaut ziemlich finster. Der andere mag so alt sein wie mein Vater, Anfang sechzig vielleicht. Er hat volles dunkles Haar, graue Schläfen und einen mächtigen Schnauzer.

»Hallo mein Freund!«, begrüßt er mich.

Ich grüße freundlich zurück, schnappe mir eine Packung Toffifee und gehe an den Tresen, um zu bezahlen.

»Alles gefunden, mein Freund?«, fragt der Mund unter dem Schnauzer des Kioskbesitzers.

Ich bejahe und werfe einen kurzen Blick auf den jungen Mann, der noch immer finster schaut.

»Weißt du, mein Freund«, setzt der Inhaber an, »ich mag euch Juden! Ja, ich mag euch Juden sehr!«

Ich lächle angestrengt, denn ich hasse solche Sätze und frage ihn, ob er Kurde sei, denn für gewöhnlich höre ich eine solche verallgemeinerte Sympathiebekundung nur von nahöstlich erscheinenden Personen, die sich als kurdisch offenbaren.

»Ja, mein Freund! Woher weißt du? Ich bin Kurde, aber ich bin auch Jeside. Er da auch«, und deutet dabei auf den finster dreinblickenden Mann. »Wir sind keine Moslems. Du musst also keine Angst haben.«

»Ah, ich verstehe. Ich hätte auch keine Angst gehabt«, erkläre ich. »Ja, ich habe euch Kurdisch sprechen hören. Und Sie ... du kommst aus Berlin, nicht wahr?« Sein Deutsch klingt dialektal Berlinerisch eingefärbt.

»Ja, genau!«, erwidert er erstaunt. »Dort war ich elf Jahre, als ich nach Deutschland gekommen bin. Und seit zwei Jahren bin ich jetzt in Münster.«

»Ach so. Und gibt es viele Jesiden hier in der Gegend?«, möchte ich wissen.

»Ja, ja, ganz viele sogar mittlerweile. Aber wir sind keine Moslems, mein Freund«, versichert er noch einmal.

»Dann sind die anderen Jesiden mit dem Krieg hierhergekommen?«, frage ich.

»Ja, die sind alle mit dem Krieg gekommen. – Weißt du, mein Freund, ich mag euch Juden, weil ihr wisst, wie es ist, kein eigenes Land zu haben. Ihr habt das selber immer wieder erlebt mit Verfolgung und Krieg. Und dass dann keiner euch hilft. Das haben wir Kurden und Jesiden jetzt.«

Der Kioskbesitzer lächelt für einen Moment nicht mehr und schaut zur Ladentür hinaus.

»Ja, das ist wirklich grausam. Ich habe dafür keine anderen Worte«, muss ich gestehen.

Ich will auch nicht mehr als das sagen. Zu viel zu sagen, klingt zu schnell naiv.

»Und, mein Freund, welches Land ist jetzt das Einzige, das ein Kurdistan im Irak anerkennt? Israel! Weil ihr eben wisst, wie das ist, einfach getötet zu werden, weil man kein eigenes Land hat. Deshalb bin ich euch auch dankbar. Die meisten Kurden sind ja Moslems, und ihr unterstützt trotzdem, dass wir ein eigenes Land haben.«

Er klingt voller Dankbarkeit. Aber das Lob kann ich als Nicht-Israeli und Nicht-Politiker aus Israel ja gar nicht annehmen.

»Also jede Volksgruppe soll gern ihr eigenes Land haben, und ich finde gut, wenn man die Freiheit und Unabhängigkeit von unterdrückten Gruppen fördert. Aber ich bin deutscher Jude und kann den Dank an die israelische Politik gar nicht annehmen. Damit habe ich ja nichts zu tun. Aber ich finde es natürlich auch schön, dass die Kurden diese Anerkennung bekommen.«

Ich blicke in ein fragendes Gesicht.

»Gut, mein Freund, aber dann möchte ich dir als Dank ... nein, für die Nachbarschaft noch Schokolade schenken! Denn du weißt ja auch, was ich meine. Du verstehst ja auch, wie es uns gerade geht, mein Freund, und erzählst keinen Mist.«

Ich nicke etwas unsicher, denn auch wenn Generationen von Juden in meinem kleinen großen Volk erfahren haben, wovon der Ladenbesitzer spricht, habe ich das nie selbst durchmachen müssen. Er reicht mir lächelnd eine Packung Kinder Bueno. Ich nehme sie mit viel Dank und Wünschen für bessere Zeiten für Kurden und Jesiden an.

Zur Verabschiedung sage ich noch: »Auf gute Nachbarschaft.«

Und er: »Vergiss uns nicht, mein Freund.«

9

LEHRER LEVI ODER: WIE AUF DEM HERD DAS FEUER BRENNT

Mark Warshawsky dichtete und komponierte im 19. Jahrhundert das jiddische Lied *Oyfn Pripetshik* (Auf dem Herd), das besingt, wie ein Rabbiner kleinen Kindern das hebräische Alphabet in einer Stube beibringt, die durch ein Herdfeuer beheizt wird. Es ist eine anheimelnde, intime Szene. Der Rabbiner ermutigt die Kinder zum Lernen; sie mögen davor keine Angst haben, jeder Anfang sei schwer. Doch die Stimmung des Liedes kippt ins Melancholische, wenn der Rabbiner weiter erklärt, dass die Buchstaben viele Tränen und viel Weinen (gemeint ist: aus der jüdischen Geschichte) in sich trügen. Die Kinder in den Bedrängnissen der Diaspora, des jüdischen Exils, könnten jedoch stets Kraft aus eben jenen Buchstaben schöpfen. Denn immerhin lasse sich mit ihnen die Torah studieren, woraus das höchste Glück zu schöpfen sei – auch im Angesicht widrigster Umstände.

Oyfn Pripetshik wurde etwa einhundert Jahre später in *Schindlers Liste* verwendet, dem gewiss bekanntesten Film über die Shoah, der das Schicksal der sogenannten Schindlerjuden im polnischen Krakau zeigt, die vom deutschen Industriellen Oskar Schindler und seinem Buchhalter Jitzchak Stern vor dem Tod gerettet wurden. Einerseits beinhalten sowohl das Lied als auch die rettende Beschäftigtenliste Schindlers die überwältigende Macht von Buchstaben. Andererseits empfand ich die Verwendung des Liedes immer als ausgesprochen bitter, denn trotz der Ausnahmeepisode der Rettung der Schindlerjuden ist die in *Oyfn Pripetshik* beschriebene Szene mit dem Rabbiner, der die Kinder in der beheizten Stube auf Jiddisch unterrichtet, nun eine stete Erinnerung an das durch die Shoah unwiederbringlich Verlorene. Was beim Komponist Warshawsky die Abbildung der damaligen traditionellen Lebensumwelt abertausender Orte gewesen war, findet sich heute nirgends mehr in Osteuropa. Sie wurde von den Deutschen komplett ausgelöscht.

Doch ich konnte einmal mit eigenen Augen sehen, wie in Antwerpen, einer Zufluchtsstätte osteuropäischer Überlebender, ein Rabbiner genau wie im Lied in einem kleinen Zimmer Kinder auf Jiddisch dazu anhielt, fleißig das hebräische Alphabet zu lernen, um so, wie er nicht müde wurde zu betonen, Weisheit, Freude und Stärke zu erlangen: *khokhme, nakhes un koyekh*. Auch in London oder Manchester, New York oder Montreal, Jerusalem oder Bnei Brak erzählt *Oyfn Pripetshik* noch von einer Gegenwart, die es ansonsten nicht mehr gibt.

An meinem ersten Unterrichtstag dachte ich viel über dieses Lied nach. Neben meiner Dissertation und wissenschaftlichen Tätigkeit an der Universität Münster hatte ich begonnen, die Kinder und Jugendlichen der örtlichen jüdischen Gemeinde in Religion in einem stets gemütlich warmen Klassenraum, der einst ein Betraum gewesen war, woran noch einige Rudimente wie ein bescheidener Torahschrein erinnerten, zu unterrichten.

Jüdischer Religionsunterricht findet an den meisten Orten in Deutschland, sofern er überhaupt angeboten wird, nach der Schule statt. Aber in den meisten Bundesländern stiftet er mittlerweile immerhin eine Note auf dem Zeugnis. Große jüdische Gemeinden können sich jüdische Schulen mit Religion als normalem Fach zwischen Mathematik und Englisch leisten oder haben gewachsene Arrangements mit öffentlichen Schulen, die von vielen jüdischen Kindern besucht werden; »viele« kann hier fünf bedeuten, aber auch bis zu zwölf. Wir sprechen natürlich nicht Jiddisch wie in *Oyfn Pripetshik* miteinander, sondern Deutsch. Nun ja, vielleicht spricht der eine oder andere ältere orthodoxe Rabbiner aus Israel oder den USA behelfsweise Jiddisch, wenn er noch wenig Deutsch spricht. Mitunter muss man sich je nach Lerngruppe mit Hebräisch oder Englisch behelfen, andere Kollegen sprechen außerdem Russisch.

Auch die Unterrichtssituation hat nicht mehr viel mit traditioneller Unterweisung im damaligen Osteuropa zu tun, aber sie weist noch immer erstaunlich viele Parallelen zum Religions- und Hebräischunterricht in deutschen jüdischen Landgemeinden vor dem Krieg auf. Damals bezahlte eine Gemeinde einen Lehrer, der selbst die geringste Zahl an Kindern unterrichtete, um die Tradition von einer Generation sicher an die nächste weiterzugeben. Er war ein Hauslehrer, der eben nicht in der Dorfschule, sondern in der Gemeinde tätig war. Und er traf die Kinder am Schabbat und an den Feiertagen in der Synagoge und war mit ihren Familien gut bekannt oder sogar befreundet. Oft übte er zudem allerlei Aufgaben aus, die sonst ein Rabbiner oder Kantor innegehabt hätte, wenn es ihn gegeben hätte. Diese besondere Lehrerrolle heute in der Gemeinde ausfüllen zu dürfen, empfinde ich als Privileg.

Vielen der Kinder und Jugendlichen begegne ich auch jenseits des Unterrichts im G'ttesdienst und bei Veranstaltungen. Ich kenne ihre Eltern, ihre Großeltern und anderen Verwandten, treffe sie regelmäßig, und wir duzen einander. Ich versuche, mich um das eine oder andere private (Glaubens-)Problem meiner Schülerinnen und Schüler oder ihrer Eltern zu kümmern, und bin mit besonderer Freude außerdem für die Bat und Bar Mizwa, dem wichtigsten Ereignis eines jüdischen Heranwachsenden, zuständig. Auch wenn der Unterricht staatlicher Religionsunterricht ist, der besondere Ort, die äußeren Umstände und die Biographien der Schülerinnen und Schüler machen den Unterricht zu etwas Besonderem.

Die Religionsklassen umspannen meist zwei Jahrgänge, aber zum Teil auch drei, vier oder sogar fünf, je nach Gemeindegröße und Etablierung des Fachs. Bei solch diversen Lerngruppen ist es mir wichtig, dass sich alle in der Gruppe gleichermaßen wohlfühlen, also die Erstklässlerin nicht allein durch die Anwesenheit eines Fünftklässlers eingeschüchtert ist. Zumeist gelingt es mir, und das Alter wird im Unterricht schnell bedeutungslos.

Ohnehin ist mir das gute Befinden der Schülerinnen und Schüler besonders wichtig. Denn der Klassenraum ist für sie nicht einfach nur irgendein Raum, in dem irgendein Fach unterrichtet wird, sondern er ist ein Ort, an dem sie ganz offen und frei jüdisch sein können. Ein Ort, an dem sie sich über ihre Erfahrungen an ihren verschiedenen Schulen und in ihrem Alltag und Freundeskreis austauschen können. Sie können darüber sprechen, wie es ist, das einzige jüdische Kind in der Stufe oder sogar an der ganzen Schule zu sein. Im Austausch wird dann aus so einem ungünstigen Umstand eine heilsame Pointe, über die alle befreiend lachen können – etwa, weil sie alle an ihren Schulen mit der gleichen Situation umgehen müssen.

Der jüdische Religionsunterricht im Deutschland von heute ist keine Szene wie im Lied *Oyfn Pripetshik*. Er ist etwas anderes, aber das, was er ist, ist gut. All is not lost. Die Kinder sind da. Sie haben ihren Safe Space und können frei ausleben, wer sie sind. Sie lernen etwas über ihre Kultur, ihren Glauben und ihre Tradition und übrigens auch etwas über andere Religionen und Weltanschauungen. Es wird allmählich wieder selbstverständlich für die jüngeren Generationen, an durch Shoah und Kommunismus verlorene Traditionen anzuknüpfen. Es geht weiter.

In Münster, aber auch im ebenso westfälischen, aber kleineren Minden hatte ich als Religionslehrer eine Rolle inne, die weit über den Schulunterricht hinausging. Ich unterrichtete nicht nur die Schülerinnen und Schüler, sondern ebenso interessierte Erwachsene – feste Gemeindemitglieder und mit Erlaubnis der Rabbinerkonferenzen auch Übertrittskandidaten. Zudem habe ich Bat- und Bar-Mizwa-Unterricht für die Jugendlichen gegeben. Ich störte mich nicht daran, wen genau ich unterrichte: Studierende, Kindergartenkinder, christliche Theologen in einer Fortbildung zum Judentum, nichtjüdische Schülerinnen und Schüler in jüdischer Geschichte, Konvertiten oder ältere ukrainische Juden, die in Anknüpfung an die Muttersprache ihrer Eltern oder Großeltern gern Jiddisch lernen möchten.

Im Talmud beggenet uns der Rabbiner als *Rav*, was einen Lehrer mit besonderem Torahwissen meint. Beim Wort selbst schwingt also nicht mit, wen genau der Torahgelehrte unterrichtet. Ich lege mich nicht auf eine Zielgruppe fest; gerade das macht es für mich aus. Und als jüdischer Religionslehrer besteht die Vielfältigkeit in den Aufgaben, denn ich durfte in meinen Gemeinden auch Divre Torah, kurze Vorträge zum Wochenabschnitt der Torah oder zu Feiertagen halten, G'ttesdienste leiten, durch den Seder an Pessach im Gemeindesaal führen und Ansprechpartner für Gemeindemitglieder sein, die sich mitteilen möchten, trauern oder ein Problem haben. Ich habe Familien beim Kaschern, also dem Koschermachen ihrer Küchen geholfen, Führungen durch die Synagoge gegeben und Dialoge mit anderen Religionen und Kulturen geführt.

Für viele Gemeindemitglieder und gerade für die Schülerinnen und Schüler ist man als Religionslehrer an vielen Orten die einzige Person, die im Alltag eine Kippa trägt. Selbst in einer Großstadt wie München mit etwa 10 000 Juden erzählten mir Schüler, dass ich die einzige Person abseits der Rabbiner sei, die sie im Alltag mit einer Kippa zu sehen bekämen. Auch hier kommt dem Religionslehrer eine besondere Rolle zu, denn die Schüler orientieren sich an ihm. Was heißt es für mich, wenn mein Lehrer jenseits der Gemeindemauern eine Mütze oder einen Hut über seiner Kippa trägt? Oder was bedeutet es für mich, wenn er genau das nicht tut? Als jüdischer Religionslehrer trage ich also eine Verantwortung mit Blick auf die Sichtbarkeit. Bestärkt es die Schülerinnen und Schüler in ihrer Offenheit und in ihrem jüdischen Selbstbewusstsein, wenn sie erleben, dass ihr Religionslehrer immer als jüdisch zu erkennen ist, oder reagieren sie eher besorgt? Ist es gut, wenn die Schüler sich so bestärkt wissen, dass sie selbst eine Kippa im Alltag zu tragen beginnen, oder ist das fahrlässig? Zum Beruf des Religionslehrers gehört auch Antisemitismus. Ich muss den Kindern dabei helfen, einen Weg zu finden, mit dem Judenhass, der ihnen widerfährt, umzugehen.

Es kann durchaus zur Routine werden, selbst angefeindet zu werden. Für vielerlei Antisemitismus im Alltag bin ich mit der Zeit taub geworden. Man entwickelt Strategien, auf Durchzug zu schalten, nur Momente andauernde Beschimpfungen zu überhören oder sich die Ereignisse von der Seele zu schreiben. Aber ich habe noch keine Strategie gefunden, damit umzugehen, wenn es meine Schülerinnen und Schüler trifft. Nichts erschüttert mich mehr, als wenn mir eine Zweitklässlerin erzählt, dass ein Mitschüler nicht mit ihr spielen will, weil seine Eltern nicht wollen, dass ihr Sohn etwas mit einem jüdischen Mädchen zu tun hat. Zwischen ihnen dürfe es keine Freundschaft geben. Das jüdische Kind könne nur einen schlechten Einfluss bedeuten. Es solle ihn nicht einmal berühren. Bei solchen Ansichten stoße ich an meine Grenzen, einer Schülerin gut zuzureden oder ihr eine hilfreiche Strategie zu vermitteln. So etwas bricht mir einfach das Herz.

Antisemitismus gehört also ohne Frage zu meinem Beruf als Religionslehrer. Denn Judenhass ist Teil des Lebens meiner Schülerinnen und Schüler. Er ist auch dann präsent, wenn ich mit meiner jüdischen Schülergruppe nicht hinter schützenden Mauern und kugelsicherem Panzerglas bin, sondern wir zum Beispiel auf dem Weg zu einem Museum sind, den Nahverkehr nutzen und uns eine Weile an einem öffentlichen Platz aufhalten.

Wenn ich mit jüdischen Schülerinnen und Schülern in der Öffentlichkeit unterwegs bin, bin ich immer angespannt und wachsam. Das war nicht anders, als ich einmal mit einer kleinen Gruppe Grundschüler in einem ruhig gelegenen Stadtcafé Eis essen war. Es war ein wunderschöner heller, warmer Tag, und die Schülerinnen und Schüler waren bester Laune. Ein Schüler und ich trugen Kippa. Am

Tag selbst notierte ich zum Eisessen schelmisch folgende kurze Begebenheit:

Eisessen mit den Grundschülern. Die Kinder stehen an. Ich warte direkt hinter ihnen und schaue mich um. Mich beobachtet eine Frau.
Sie: »Schau mal, Heinz. Drüben steht ein Israelit. Oh, da krieg ich direkt ein schlechtes Gewissen ...«
Heinz: »Wieso das denn!?«
Sie: »Na, du weißt doch! Das Holo...dings!«

Sollte ich einmal ein Buch über das begrenzte Wissen der Menschheit über die Shoah schreiben, werde ich es wohl »Das Holo...dings« nennen müssen. Oder: Der Israelit, das schlechte Gewissen, Holo...dings und ein Mann namens Heinz. Ich musste lachen. Ich musste aber auch darüber lachen, wie viel Murks in wenigen Sätzen stecken kann. Der Jude, der Israelit genannt wird, wobei ich mir sicher bin, dass damit nicht der biblische Israelit gemeint war, sondern es für die Bezeichnung eines heutigen israelischen Staatsbürgers gehalten wurde. Der Anblick eines Juden, der ihr ein schlechtes Gewissen macht. Das Schlüsselwort hierbei, das ihr auf der Zunge liegt, aber nicht rauswill.

Am Abend nach dem Eisessen schaute ich eine Diskussionsrunde bei Maischberger. Eine Zeitlang hatte ich ständig derlei Polittalkrunden geschaut, es mir dann aber irgendwann abgewöhnt. Die Gäste bei Maischberger diskutierten – es war 2017 – über eine in Deutschland umstrittene Dokumentation mit dem Titel *Auserwählt und ausgegrenzt – der Hass auf die Juden in Europa*, die die vielen antisemitischen Vorfälle und Entwicklungen in Europa dokumentiert, dabei Juden als Opfer eines zeitgenössischen

Antisemitismus zeigt und hierbei auch als Quelle den Nahostkonflikt betrachtet. Nach vorigen Bedenken von Arte, die Dokumentation auszustrahlen, und daraus resultierenden Zensurvorwürfen war sie schließlich auf Arte zu sehen, aber auch in der ARD. Auf beiden Sendern allerdings mit einem immer wieder eingeblendeten Warnhinweis, man finde zu dieser Dokumentation einen extra Faktencheck. Es erweckte den Eindruck, als würde man ein tendenziöses Propagandawerk anschauen. Und der Faktencheck bestand hauptsächlich aus Gegenmeinungen zu dem, was in der Dokumentation gezeigt wurde, und nicht aus der Berichtigung von Unwahrheiten. Von den vielen problematischen Umständen in dieser Causa war aber gewiss der schwierigste, dass hier mit zweierlei Maß gemessen wurde. Denn natürlich werden im öffentlich-rechtlichen Fernsehen immer wieder einmal abgedroschene, abseitige, kuriose, dubiöse, tendenziöse oder schlecht recherchierte Dokumentationen ausgestrahlt – anhand der schieren Menge an Dokumentationen kaum verwunderlich. Doch warum musste man ausgerechnet bei einer Dokumentation, die Europa als Kontinent voller antisemitischer Problemherde darstellte, ein solches Hin und Her veranstalten, ein Faktencheck und hinterher eine Gesprächsrunde zum Austarieren der Deutungshoheit? Ein Versagen auf ganzer Linie. Das passiert, wenn die Mitte der Gesellschaft festlegt, was Antisemitismus ist und was als Antisemitismus gezeigt werden darf.

Und so saß ich vor dem Fernseher nach dem heiteren Eisessen mit den Schülerinnen und Schülern am Nachmittag unter Beobachtung von Heinz und seiner Frau und verfolgte die Maischberger-Debatte zum Film. Und fühlte mich dabei wütend und hilflos. Eigentlich wollte ich schlafen gehen. Aber dann kauere ich auf dem Sofa und halte wie zum seelischen Schutz ein Kissen vor meiner Brust.

Da sitzen Leute, die gar nicht selbst von Antisemitismus im Alltag betroffen sind. Das Gespräch ist vulgär, neurotisch und idiotisch. Privilegierte Ahnungslose erzählen davon, was sie als Antisemitismus definieren. Es wird gesagt, Juden würden dazu einladen und beitragen, dass Antisemiten sie mit Israelis gleichsetzen und deshalb angreifen oder sogar töten. Juden wären also mit schuld an ihrer eigenen Verfolgung – was auch Judenhasser sagen, seit es Judenhass gibt.

Da sagt der Chef vom WDR, eine Dokumentation über Antisemitismus müsse nicht zwingend »pro-jüdisch« sein, sondern »pro-menschlich«. Was soll das eigentlich bedeuten? Warum findet er es tendenziös, wenn eine Dokumentation über die Diskriminierung einer Gruppe sich auf die Seite der Gruppe stellt? Sollte eine Dokumentation über Rassentrennung in den USA nicht pro-afroamerikanisch sein? Sollte man hier untersuchen, inwiefern klare Opfer nicht doch irgendwie Täter sein könnten? Und warum »pro-menschlich«? Kann man klar pro andere Gruppen sein, aber nicht klar pro Juden? Sind Juden nur gut, wenn sie auf den gemeinsamen Nenner »Menschen« heruntergebrochen werden, weil alles Weitere sie nicht mehr schützenswert erscheinen lässt?

Dann ist da der greise Politiker, der erzählt, wie er als Kind erlebt hat, wie seine jüdische Nachbarin deportiert worden ist. Das habe ihn dazu veranlasst, für Gerechtigkeit einzustehen – indem er fortan Israelis zu guten, ja richtigen Menschen erziehen möchte (*Goysplaining*! Wieder ein Nichtjude, der einem Juden die Welt und vor allem die Moral erklärt.). Mir wird richtig schlecht, wie hier das Schicksal einer jüdischen Frau bagatellisiert wird. Diese Diskussion fand nach einer Dokumentation statt, in der berichtet wurde, wie Juden in einem jüdischen Museum erschossen wurden. Wie Juden in einem koscheren Supermarkt erschossen wurden. Wie ein junger Jude gekidnappt und langsam zu Tode gefoltert wurde. Wie kleine jüdische Kinder vor ihrer jüdischen Schule erschossen wurden.

Doch die Leute in der Diskussionsrunde schweigen nicht vor Entsetzen. Ekeln sich nicht vor Entsetzen. Weinen nicht vor Entsetzen. Sondern sagen: »Ja ja, das ist ja auch schlimm, aber in Israel ...!«, oder: »Das stimmt, würde ich sagen, das ist schon Antisemitismus.«

Und ich denke daran, wie ich heute mit meinen Grundschülern Eis essen war. Und dass ich deshalb nervös war. Obwohl diese Stadt hier ruhig ist. Und ich noch nervöser wurde, als zwei bullige Typen, die miteinander Arabisch sprachen, mit Verachtung auf meine noch so jungen Schülerinnen und Schüler schauten, als wir gerade über unsere liebsten Disneyfilme sprachen. Wie konnten die beiden Männer nur so auf unschuldige, lachende Kinder schauen? Vielleicht hatten sie keine kleinen Menschen gesehen, sondern einfach Juden, und das ist eben für viele etwas ganz anderes. Vielleicht waren die beiden Männer also trotzdem »pro-menschlich«.

Ich denke daran, wie ich im Supermarkt antisemitisch beschimpft wurde. In der U-Bahn. In der Straßenbahn. Auf dem Nachhauseweg. An der Uni. Im Internet. Wie einem Freund von mir, weil er Jude ist, die Nase gebrochen wurde. Und wie ein anderer Freund verprügelt wurde, danach im Krankenhaus lag und später dann mit seinen Eltern ausgewandert ist. Und die Leute in der Gesprächsrunde sprechen von Antisemitismus immer noch so, als wäre er so wenig greifbar wie ein Tiefseeungeheuer, über dessen Existenz oder Verbreitung man sich letztlich nie ganz sicher sein könne.

Ich habe trotzdem nur wenige Stunden vor der Dokumentation ganz real mehr als zwanzig Minuten gebraucht, bis ich alle elektronischen Sicherheitstüren in der jüdischen Gemeinde verschlossen hatte. Als ich rausging und einen letzten Blick auf die Bilder der Überwachungskameras warf, bedankte ich mich bei den beiden Polizisten, die auch bei der ziemlichen Hitze wie an jedem Tag stoisch vor der Synagoge standen und über sie wachten.

Die Gesprächsrunde ist endlich vorbei. Das war eine Zumutung und eine Beleidigung für jeden, der einmal Antisemitismus erleben musste. Und erst recht für jeden, der ihn nicht überleben konnte. Leute, die selbst keinen Judenhass erleben, sollten nicht für andere, die ihn erleiden, definieren, was Antisemitismus ist und was nicht. Dabei kommt dann doch zu oft nur heraus, was den Ahnungslosen und Unbeteiligten und Tätern am bequemsten erscheint.

Ich hoffe, dass meine Schülerinnen und Schüler nicht den Mut verlieren, durchzuhalten, wehrhaft zu werden und sich nicht – so einfach es klingen mag und so schwierig es ist – die Freude am Leben und an ihrem Jüdischsein nehmen zu lassen. Wenn ein neues jüdisches Jahr an Rosch haSchanah beginnt, blicken wir fragend zurück auf das alte: Wie habe ich es zugebracht? Habe ich gut gedacht und gut gehandelt? Bin ich meinem G'tt und bin ich den Menschen um mich herum gerecht geworden? Wie finde ich zur Umkehr, was will ich besser machen im neuen Jahr?

Verletzungen sind unvermeidlich im menschlichen Zusammenleben. Und je näher uns Menschen sind, desto mehr Gelegenheit besteht, sie zu verletzen und zu enttäuschen.

Die Tage vor und nach Rosch haSchanah zu nutzen, wie es unsere Tradition möchte, um mit unseren Mitmenschen wieder ins Reine zu kommen, können da mitunter sehr schwierig sein. Nicht jeder zugefügte Schmerz kann leicht oder rasch vergeben oder wiedergutgemacht werden.

Als ich mit meinen Schülerinnen und Schülern über die Zeit der Reflexion und Umkehr sprach, war mir ein anderer Aspekt wichtiger: nicht die Fehler und Versäumnisse, sondern all die Menschen, Dinge, Situationen, Momente, die uns das letzte Jahr über beschenkten, bereicherten, halfen, uns guttaten, weiterbrachten, vielleicht sogar retteten, bewahrten. Wofür also bin ich dankbar? Und wem möchte ich auf welche Weise meine Dankbarkeit gegenüber ausdrücken? Das Jahr über ist es nicht immer möglich, die rechten Worte in den Mund zu nehmen oder die richtigen Taten umzusetzen, um den Menschen um uns zu bedeuten, wie dankbar wir ihnen sind. Gerade alltägliche gute Dinge oder liebe Kleinigkeiten, die uns widerfahren, mögen uns oft nicht so bewusst sein. Rosch haSchanah eine ideale Gelegenheit, anderen zu sagen, zu schreiben, zu zeigen, wie dankbar wir ihnen sind, wie froh wir sind, dass wir sie in unserem Leben haben.

Ein Schüler sagte, er verstehe, warum man sein Denken und Handeln an Rosch haSchanah reflektieren solle und sich mühen solle, im nächsten Jahr gut und gütig zu sein. Anderen Menschen gegenüber gut zu sein sei ja ganz logisch. Aber was würde man dafür zurückbekommen? Nicht alle Menschen würden doch gut von anderen behandelt werden, nur weil sie gut zu anderen seien. Ich bestätigte, dass es keine Garantie dafür gebe, irgendetwas zurückzubekommen, weil man gut handle. Aber darum gehe es im Judentum auch nicht. Wir handeln nicht gut, um dafür etwas zu bekommen. Wir handeln gut, weil wir schon etwas bekommen haben. Deshalb, so erklärte ich meinem Schüler, würde ich auch so sehr den Aspekt der Dankbarkeit betonen. Wir handeln aus Dankbarkeit für das, was jede und jeder von uns erhalten hat. »Und was hat G'tt allen gegeben?«, fragte er zurück. »Das Leben. Das bloße Leben. Das ist unsere Belohnung. Daraus schöpfen wir, dankbar zu sein und aufeinander und auf diese Welt aufzupassen.«

Ich habe in Münster die großartige Gelegenheit bekommen, als Lehrer Kinder und Jugendliche von der ersten bis zur dreizehnten Klasse in jüdischer Religion, Kultur, Geschichte, Literatur zu unterrichten und sie dabei zu unterstützen, eine jüdische Identität zu bilden. Ich durfte in der Synagoge an den Schabbatot und an Feiertagen predigen, ab und zu auch vorbeten. Ich durfte damit beginnen, Menschen, die jüdisch werden möchten, auf ihrem Weg ins Judentum zu begleiten. Ich durfte mit den Vorbereitungen für Bat- und Bar-Mizwa-Unterricht beginnen, nachdem es einen solchen lang nicht mehr gegeben hat. Ich durfte G'ttesdienste sowohl für Schülerinnen und Schüler als auch für Studierende ausrichten. Nachdem ich andernorts in der Vergangenheit erheblichen Schmerz erfahren hatte, als ich mich in der Mitgestaltung einer jüdischen Zukunft in diesem Land einsetzen wollte, konnte ich mich mit dem Segen und der Unterstützung vieler gütiger und vertrauensvoller Menschen aus der Münsteraner Gemeinde vielfältig betätigen. Ich habe sehen dürfen, wie Kinder Freude an ihrer Religion haben, sie selbstbewusst ihre Identität leben, regelmäßig in die Synagoge kommen und sich dort wohlfühlen, wie Eltern sich mit der Gemeinde oder ihrem Glauben versöhnen, wie viel in der Gemeinschaft gelacht wird, wie neue Gesichter hinzukommen und wie Menschen vertrauensvoller in die Zukunft blicken. All das miterleben zu dürfen, berührt mich sehr und erfüllt mich mit großer Dankbarkeit.

Dass Kinder und Jugendliche, dass Familien, dass überhaupt Menschen in unseren jüdischen Gemeinden sind, dort beten, essen, lachen, trauern, sich bilden, sich unterhalten oder einfach gemeinsam Zeit verbringen, muss uns jedes Jahr aufs Neue als Wunder bewusstwerden. Wie sehr musste die Generation der Urgroßeltern annehmen, dass niemand Jüdisches und nichts Jüdisches nach der Shoah und nach dem Krieg übrigbleiben würden. Wie sehr musste die Generation der Großeltern annehmen, dass sie, die Sche'erit haPletah, der letzte Rest, wie sie sich nannten, der Schlusspunkt des Judentums in diesem Land sein würden, die Abwicklung der Geschichte. Und wie sehr mussten sie und die Generation der Eltern dann aufbauen, nicht aufgeben, immer weitermachen, die Hoffnung bewahren und kultivieren, bescheidenste und kleinste Entwicklungen erkämpfen, damit unsere Generation tatsächlich wieder Gemeindehäuser, Synagogen, jüdische Schulen und Kindergärten, koschere Restaurants und Supermärkte, Rabbinerseminare, Ferienlager, Zeitungen, Festivals haben kann.

Unsere jüdischen Leben sind unwahrscheinlich. Dass wir noch immer da sind; dass etwa die kleinsten Schüler in meinen Klassenraum stapfen, sich in der Pause vor dem Brotessen rituell nach alter Tradition die Hände waschen, um dann später mit mir zusammen die Brachah, den Segen, über das Brot zu singen, es dann zu essen und dabei heiteren Flachs zu reden – das ist ein Wunder, für das ich sehr dankbar bin.

10

WEITERMACHEN, WENN ES WEHTUT

Die Seiten füllen sich schneller mit den Jahren. Es gab Zeiten, in denen es zwei Jahre gedauert hat, bis ein Notizbuch vollgeschrieben war mit seltsamen, unangenehmen, antisemitischen Begegnungen. Irgendwann, genauer gesagt ab 2016, reichte ein Buch pro Jahr nicht mehr aus. Bereits im September war es an seine Grenzen gestoßen. Ich stieg auf digitale Seiten um. Die antisemitischen Vorfälle häuften sich. Und sie waren vielfältiger, medialer und brutaler geworden. Ich wurde anfangs selten, dann hin und wieder, schließlich immer häufiger von Medien nach meinen Erfahrungen gefragt. Doch ich sprach in Interviews noch lange davon, dass ich keine eklatante Zunahme an antisemitischen Anfeindungen bemerken würde. Dabei gab es viele, und ich war der Frosch im allmählich heißer werdenden Topf voll Wasser, der nicht merkte, dass das Wasser ihn bereits zu kochen begann.

Mit dem immer aggressiveren Auftreten der AfD, mit den rassistischen Reaktionen auf die Flüchtlingskrise, mit Pegida, mit den sogenannten Reichsbürgern und den sogenannten Querdenkern hatte Antisemitismus Hochkonjunktur. An einem Tag im Januar 2016 warnte mich nicht etwa nur eine Person davor, in der Öffentlichkeit besser davon abzusehen, meine Kippa zu tragen – es waren gleich vier Personen. Vier Menschen an zwei verschiedenen Hauptbahnhöfen. Einer beim Ausstieg in Düsseldorf, einer beim Einstieg in die dortige U-Bahn und einige Stunden später kurz vor dem Einstieg in den Zug nach Münster. Vier Warnungen an einem Tag. Was damals ein Rekord war, wurde zur Normalität.

In den letzten Jahren kam es außerdem oft vor, dass mir Menschen anerkennend mitteilten, dass ich »Mut« oder »Courage« zeige, meine Kippa öffentlich zu tragen. Die meisten aber sagten schlicht, sie fänden es schön, dass das möglich sei. Der eine oder andere grüßte dann mit einem Schalom und sagte noch knapp so etwas wie: »Finde ich toll, dass Sie Ihre Kappe so offen tragen!« Manches Mal dachte ich dann: Ganz normal. Bloß Alltag. An schlechteren Tagen: Wenn du wüsstest, was für ein Magnet meine Kippa für allerlei Fieslinge ist!

Einmal kommentierte ein offensichtlich um sich selbst besorgter junger Mann meine Kippa abschätzig belehrend mit: »Gefährlich!«, und schüttelte den Kopf. Er drehte mir kurz demonstrativ den Rücken zu, nur um dann über die Schulter maßregelnd nachzusetzen: »Ey nimm deine Kippa ab, Junge, sonst löst du hier gleich noch was Schlimmes aus!« Der Ton wurde rauer. Anfeindungen wurden direkter, lauter, unverhohlener und beinhalteten immer häufiger politische Botschaften. Wenn sich sonst politische Bemerkungen in antisemitischen Beleidigungen eingewoben fanden, hatten sie eigentlich immer mit dem Nahen Osten und Israel zu tun. Doch durch die Neue Rechte in Deutschland wurden alte Verschwörungstheorien wieder en vogue und Kommentare darüber, wie Juden die Medien, die Finanzen, die Politik oder die gesamte Welt beherrschen würden, wurden nicht nur beliebter, sondern oft mit zweifelhafter Wahlwerbung verbunden.

In München etwa deutete ein Mann, den ich an unzähligen Morgen an einer Haltestelle sah, eines Tages auf meine Kippa, dann auf den Laptop unter meinem Arm: »Jude, du, geh du mal richtig was arbeiten! Hast bestimmt noch nie gemacht ... richtig, mit den eigenen Händen! Immer nur rumheulen und die Hand aufhalten könnt ihr Juden!« Seitdem grüßte mich der Mann, der oft zünftig in Lederhosen unterwegs war, regelmäßig grimmig mit einem Zeigefinger, den er unter seinem Kinn vorbeizog, um mir zu verdeutlichen, dass er mich abmurksen wollte oder ich getötet gehöre, und drohte mir dabei, die AfD würde schon noch mit den Juden aufräumen. Ich hielt ihn zunächst für einen Spinner, der vielleicht durchs soziale Sicherungsnetz gefallen wäre, keine Familie, keine Freunde hätte. Ich staunte nicht schlecht, als er mir irgendwann mit seiner Frau und seinen beiden Söhnen entgegenkam, für mich aber trotzdem nur Verachtung übrighatte.

KEIN ONKOLOGE WIRD MIT ANTISEMITISMUS FERTIG

Man passt sich an das Mehr an Hass an. Eine neue Normalität folgt der nächsten. Antisemitismus wächst, und man lebt mit ihm, solange man ihn noch nicht besiegt hat. So wie mit Krebs. Antisemitismus wird häufig mit Krebs verglichen. Antisemitismus als Krebsgeschwür, das sich in der Gesellschaft ausbreitet. Ein Krebs, der wieder auftritt, nachdem man ihn für besiegt gehalten oder gar erklärt hat. Antisemitismus *als* Krebs ist eine Sache, Antisemitismus *und*

Krebs eine ganz andere. Das eine lässt sich mit dem anderen nur umso schwerer ertragen. Dieser Mensch mit seiner Kippa auf dem Hinterkopf hat dann womöglich gerade genügend Sorgen, als sich noch etwas Gemeines anhören zu müssen. Auch das einfachste Schimpfwort wiegt plötzlich schwer, geht wehrlos zu Herzen.

Es war zwei Tage vor meinem Geburtstag im Jahr 2017. Ich frühstückte im Bett, aus der Küche war laute fröhliche Musik zu hören, und ich hätte vor guter Laune und Verliebtsein die Welt umarmen können. Ich überhörte beinahe mein klingelndes Handy und wünschte mir später oft, ich hätte es tatsächlich nicht bemerkt – so, als wäre das, was folgen sollte, dadurch abzuwenden gewesen. Die Urlaubsvertretung meines Gastroenterologen teilte mir am Telefon mit, dass eine der entnommenen Proben meiner letzten Endoskopie auf ein Karzinom schließen ließe. »Krebs?« war alles, was ich noch sagte. Nach der Erklärung des Arztes legte ich auf, schaltete die Musik aus und frühstückte in Stille zu Ende. Ich starrte aus dem Fenster und sah mich da draußen vor mir selbst davonlaufen. Hartnäckig nagte an mir die Frage, wie ich es meiner Familie, meiner Oma sagen sollte. Tagelang sagte ich es niemandem. Nur mit meinem Arzt sprach ich über die nächsten Schritte.

Ich ging zur Arbeit, scherzte mit meinen Schülerinnen und Schülern, betete, aß und schwieg viel. Bis zu dem Tag, an dem mich eine Frau in einem Café am Nebentisch auf meine Finger ansprach. »Findest du es schlimm, so knochige Finger zu haben?«, fragte sie suggestiv. Ich wusste, welche Pointe kommen würde. Wenn Fremde, die wesentlich älter sind als ich, mich ohne Begrüßung ansprechen und dabei duzen, kommt fast immer etwas Unangenehmes dabei heraus. Niemals würde diese Frau mich einfach nur auf meine Finger ansprechen. Ich schaute sie angestrengt an und schwieg. »Na, so dürre Finger als Jude. Das verrät dich ja sofort«, setzte sie angriffslustig nach. Ich konnte diese Frau, diesen Satz in meiner Lage nicht ertragen. Ich hatte die ganzen Tage über weinen wollen, aber schaffte es nicht. Und nun kämpfte ich mit mir, dass mich nicht ausgerechnet diese bösartige Frau zum Weinen bringen sollte. Ich beugte mich zu ihr vor und sagte kraftlos: »Ich habe Krebs.« Ich sagte es zum allerersten Mal. Einer Antisemitin. Sie glotzte mich an, kräuselte dabei ihre Lippen und schaute mir dann zu, wie ich aufstand und ging. Danach rief ich meine Familie an, um ihr von der Diagnose zu erzählen.

Das eigene Leben mag mitunter unwahrscheinlich sein – oder werden. Von der Diagnose an erlebte ich meine Gesundheit mehr als ein Jahr lang als höchst fragil und mit mir viele Menschen aus meinem Umfeld. Ihnen bereitete mein Zustand große Sorgen, und sie standen mir auf unterschiedliche und vielfältige Weise in jener Zeit bei, gaben mir Mut, versorgten mich, übten Rück- und Nachsicht, übernahmen Arbeit von mir und waren auch für mich da, als es ihnen schwerfiel. Ich bin ihnen allen unsagbar dankbar, so wie ich den Ärzten dankbar bin – allen voran dem palästinensischen Chefarzt, dem ich nichts weniger als mein Leben zu verdanken habe – und nicht zuletzt ebenso dieser absoluten Unwahrscheinlichkeit, der Fügung, wie der Gläubige sagen würde, dass alles nicht im Schlimmsten endete. Ich habe in jener Zeit wohl nie so intensiv gebangt, mich gefürchtet vor dem Verhängnisvollsten und nie so sehr gehofft und gebetet, dass alles gut ausgehen würde.

Ich werde nie vergessen, wie ich vor einem Freitag, an dem ich in der Münsteraner Synagoge vorbeten sollte, den Gebetsgesang üben wollte. Doch mittlerweile war ich körperlich so schwach und ausgezehrt und fühlte mich seelisch so ängstlich und hilflos, dass ich beim ersten Versuch zu singen so bitterlich über der Bimah, dem Lesepult, zu weinen begann, wie ich es mir monatelang nicht erlaubt hatte. Ich war ganz allein am Abend in der Synagoge und weinte Träne um Träne für etwa eine Stunde, so lange wie wohl mein Gesang gedauert hätte. Ich weinte, weil es tatsächlich um mein Leben ging und ich diesen Gedanken erst dort zum ersten Mal zulassen konnte. Ich konnte einfach nicht mehr. Als ich mich schließlich wieder fassen konnte, sang ich mich doch noch ein und küsste zum Abschied, wie ich es zu tun pflege, den Parochet, den Vorhang des Torahschreins, der das einzig unantastbar Heilige unseres Glaubens auf Erden beherbergt. Plötzlich fühlte ich, wie ich fest in den Parochet griff, ihn festhielt und G'tt um nichts weniger als mein bloßes Leben bat, nein anflehte. Ich höre mich noch sagen: »... will es liebbehalten.« Ich weiß nicht, warum ich ausgerechnet das laut sagte.

Mir wäre dieses Liebbehalten vom Leben vielleicht nicht gelungen, hätte ich in jenem langen Jahr nicht auch das außerordentliche und unverhoffte Glück neuer Liebe erfahren. Ich traf im Nirgendwo ungeplant und ungeahnt einen wundervollen Menschen, der mich inspiriert und stärkt, zufrieden und ausgeglichen macht, mit dem ich gern die Zeit verbringe, für den ich gern da bin und den ich für mich da sein lassen kann. Meine Oma, die ihn bereits ins Herz geschlossen hat, sagte mir einmal, dass sich ein besonderer Mensch dadurch offenbare, dass ihm nie ganz bewusstwerde, wie sehr er durch eine bestimmte Eigenschaft oder durch seinen Weg, den er gegangen, aus einem Meer von Menschen herausstehe. Darin liege eine Bescheidenheit, die selten und edel sei. An diese Worte musste ich denken, als ich das Besondere in diesem Menschen erkannte. Und ich hätte das Überleben ohne ihn wohl nicht geschafft.

Er half mir sogar, noch vor der großen Operation, die den Krebs entfernen sollte, von einer Münchner Klinik zu einer anderen zu wechseln. Ich war in der ersten Klinik am Mittag vor der geplanten OP angekommen. Man hatte auf der Station vermerkt, dass ich koschere Kost brauche. Die Besorgung war jedoch schiefgelaufen, wie mir eine Krankenschwester mitteilte, und ich sollte nun mit vegetarischer Kost Vorlieb nehmen. Ich müsse auf jeden Fall am Mittag noch etwas essen, bevor es mir danach mit Blick auf den nahenden Eingriff streng untersagt sein werde, sagte sie. Ich willigte mit Blick auf die Teller, die auf einem mehrstöckigen Wagen standen, ein. Die Krankenschwester heftete einen Zettel mit meinem Namen an einen vegetarischen Teller und zeigte mir mein Zimmer. Kurze Zeit später hörte ich, wie ein Mann genervt »Koscher, wie koscher!? Du meine Güte, nee …« von sich gab. Der Mann kam ins Zimmer. Er stellte sich als derjenige heraus, der das Mittagessen verteilte.

»Du bist der mit der jüdischen Kost?«, fragte er.

»Sie haben kein koscheres Essen organisiert. Ich esse vegetarisch«, erklärte ich.

»Nee. Ist mit Schwein«, meinte der Mann streng. »Ein Problem damit?«

»Das kann ich nicht essen«, erwiderte ich.

»Was ist denn für euch so schlimm an Schwein?«, fragte er mich oder eher »uns Juden«.

»Was ist mit dem vegetarischen Teller draußen mit meinem Namen?«, fragte ich ablenkend.

»Das vegetarische Essen ist aus, nur noch Schwein. Also wenn du noch was essen willst, bevor es die nächsten Tage nichts mehr gibt, dann das oder nichts«, sagte er.

Ich stand auf und ging zum Essenswagen direkt vor der Tür. Der Teller mit der vegetarischen Kost mit meinem Namen stand obenauf.

»Hier steht doch der Teller«, sagte ich unüberhörbar für den Mann.

Ich wurde dabei von einem schrecklichen Gefühl überwältigt. Hier konnte ich nicht operiert werden und diesem Mann ausgeliefert sein, wenn er für mich mitverantwortlich sein würde, während ich mich nach der Operation sicherlich tagelang kaum bewegen könne. Ich bekam Panik und konnte noch rechtzeitig das Krankenhaus wechseln, was sich als sehr gute Entscheidung herausstellen sollte.

G'TT SCHULDET UNS KEINE ANTWORTEN

Ich war nach zwei Wochen im Krankenhaus, einer sechsstündigen OP und Tagen ohne Essen ziemlich entkräftet und schwach. Es dauerte eine ganze Weile, bis ich wieder einigermaßen fit wurde. Kurz vor Ende meines Aufenthalts im neuen Krankenhaus strahlte die Sonne durch das Fenster. Draußen ließ sie den Märzschnee sanft glitzern, drinnen das Weiß der Ärztekittel unwirklich hell aufscheinen. Ich war umzingelt von diesen Kitteln; mein Blick wanderte von einem zum anderen, kehrte aber immer wieder zu ihrer Mitte zurück, in der erklärend die Hände des Chefarztes auf und nieder tanzten. Ich schaute aufmerksam und abwesend zugleich zu. Die eine Hand war in eine schwere Uhr gelegt, die andere trug ein Muttermal auf ihrem Rücken wie ein elegantes Schmuckstück. Nicht alle Worte erreichten mich, doch einige von ihnen bahnten kraftvoll ihren Weg zu meinem Ohr: »mit Operation zufrieden«, »konnten vollständig entfernen«, »nichts in den Lymphknoten«, »keine Chemotherapie« und »wirklich Glück«. Da sah ich, wie sich meine Hände immer fester gegeneinanderpressten, als würden sie ineinander vor den Tropfen, die nun salzig und ungläubig vom Himmel fielen. In ihnen grüßte der Widerschein einer neuen Sonne.

Als ich mich wieder einigermaßen gesund fühlte, war ich von meinem Krankenhaus- und späteren Wohn- und Arbeitsort München in meine Heimatgemeinde Münster gereist, um dort den Schabbat zu verbringen. Beim gemeinsamen Essen sprach ich von der Parascha, dem Wochenabschnitt aus der Torah, der an jenem Schabbat gelesen wurde. Die Parascha namens Chukat erzählt unter anderem davon, wie sich die Hebräer während der Wüstenwanderung zum wiederholten Mal bei Mosche (Moses) und Aharon beschweren, dass sie kein Wasser haben. Anstatt einfach abzuwarten, bis sie zu einer Quelle kommen, bat Mosche – ebenfalls zum wiederholten Mal – G'tt darum, dass er ein Wunder vollbringen möge, damit es Wasser für alle gibt. G'tt gibt den Hebräern also Wasser, erklärt aber Mosche und Aharon, dass sie nicht genügend Vertrauen in Ihn vor den anderen Hebräern gezeigt hätten und die beiden selbst deshalb nicht mehr das Land Israel erreichen dürften.

Eine ziemlich harte Strafe, selbst in Anbetracht dessen, dass es im jüdischen Volk so viele Zweifel und Beschwerden gab, obwohl sie von G'tt eine Menge erhalten hatten: Freiheit, Sicherheit, die Versorgung mit Lebensmitteln, allerlei Wunder und die Zusicherung, ein eigenes Land zu bekommen. Mosche hatte sogar noch mehr bekommen, weil er mit G'tt von Angesicht zu Angesicht sprechen durfte und ein unvergleichlich inniges Verhältnis zu Ihm hatte, und trotzdem hatte Mosche hier in der Parascha einen schwachen Moment und vertraute zu wenig. Er war eben auch ein Mensch, der es schwerhatte, immer darauf zu vertrauen, dass alles gut werden würde.

Es ist vielleicht gar nicht erstaunlich, dass Mosche ein weiteres Wunder von G'tt sehen will, weil wir aus dem Talmud lernen, dass Mosche eine lange Zeit nicht mehr mit G'tt in direktem g'ttlichem Zwiegespräch sprach. Ein Gelehrter rechnet vor, dass es wohl 38 Jahre gewesen sein müssen, in denen G'tt nicht direkt mit Mosche sprach. Dieses Schweigen, diese Stille, diese Zeit ohne inniges Gespräch mit G'tt muss Mosches Vertrauen ziemlich herausgefordert haben.

Es kann auch ziemlich still werden, wenn man auf seinem Bett sitzt und von einem Arzt aus heiterem Himmel gesagt bekommt, man habe Krebs. Und man kann ein großes Schweigen fühlen, wenn man nachts allein in einem Krankenhaus liegt. Und man kann sich fragen, ob G'tt wirklich alles gut werden lässt, kurz bevor man die Narkose vor einer alles verändernden, schwerwiegenden Operation bekommt. Man kann sich an Tagen, an denen man Schmerzen oder ziemliche Angst hat, sogar fragen, was das alles soll und warum es ausgerechnet einen selbst trifft.

Als meine Oma vor vielen Jahren Krebs hatte und ich noch ein Kind war, habe ich sie gefragt, was sie glaube, warum ausgerechnet sie diese Erkrankung bekommen und überlebt habe. Sie antwortete damals: »Weil G'tt mich das aushalten lässt.« Im Krankenhaus musste ich oft daran denken, wie stark und tapfer meine Oma mit ihrem Krebs umgegangen war. Und ich musste daran denken, was ein Rabbiner einmal zu mir gesagt hatte: »G'tt schuldet uns keine Antworten.« Man könne alles in einem Gebet an ihn richten, aber man dürfe nicht glauben, man hätte ein Anrecht auf die Erfüllung seiner Wünsche und Gebete. G'tt schuldet uns nichts. Er hat uns schon unser Leben und den Bund mit uns geschenkt – sei es der Bund aller Menschen mit Noach oder derjenige mit unserem Vorvater Avraham.

Ich hätte es in manchen Momenten ungerecht finden können, was mir widerfuhr. Ich hatte oft vergeblich gebetet, dass sich die Krebsdiagnose doch noch als falsch herausstellen würde. Mit besserem Erfolg hatte ich dafür gebetet, wieder gesund zu werden. Vor allem aber machte ich mir immer wieder eines bewusst: Ich hatte zwar diesen Krebs, aber eigentlich hätte man ihn wohl aufgrund seiner Lage erst bemerkt, wenn es schon zu spät gewesen wäre. Der Arzt hatte ihn in einer Zufallsprobe festgestellt; in einer Stelle im Darm, die vollkommen normal ausgesehen hatte. Und ich hatte diese Untersuchung bloß gehabt, weil ich sie explizit gewollt hatte. Weil ich Albträume und ein diffuses Gefühl hatte, dass mit mir etwas nicht stimmte.

Ich erinnerte mich nach der Diagnose, kurz vor der großen Operation und in den Nächten im Krankenhaus wieder und wieder daran, dass ich G'tt dankbar sein konnte für meine seltsame Ahnung in jenem Sommer. Und dafür, dass mein Arzt blind die richtige Probe erwischte und dass ein palästinensischer Chirurg aus Gaza sich im Gegensatz zu vielen anderen traute, mich zu operieren und damit Erfolg hatte. Das sind Antworten.

G'ttvertrauen kann wacklig sein, sogar der biblische Mosche zeigte das. G'tt kommt damit sicherlich zurecht. G'tt hatte Mosche nicht bestraft, weil er selbst zweifelte, sondern weil er vor anderen sein Vertrauen nicht ausreichend bezeugt hatte. Es war auch bei mir manches Mal wacklig, aber egal was geschah, meine innere Stimme blieb hartnäckig dabei: »Es wird alles wieder gut.«

Dieser Satz hat keinen Anspruch auf Umsetzung. Aber ausgerechnet mich ließ G'tt das aushalten und weiterleben. Andere hätten es auch und mehr verdient und lebten nicht weiter. Ich weiß nicht warum. G'tt schuldet mir keine Antwort darauf. Ich bin einfach nur dankbar, dass es bei mir erst einmal wieder gut wurde und ich weitermachen darf. In dieser Hinsicht vergleiche ich nicht Antisemitismus mit Krebs, sondern Krebs mit Antisemitismus: Man braucht das Vertrauen, dass es besser wird und man weitermachen kann, wenn man als Jude oder jüdische Gemeinschaft sichtbar sein und bleiben möchte.

NACH HALLE WOHIN?

Dieses Vertrauen ist fragil und scheint oft wider die Vernunft zu sein. Uns begegnet es in erschöpfend zitierten Idiomen, die von noch immer gepackten oder wieder gepackten, ausgepackten oder gar weggeräumten Koffern von Jüdinnen und Juden in Deutschland erzählen. Bei all den Wiederholungen und Variationen wird leicht vergessen, dass diese Koffer in der Nachkriegszeit bei jüdischen Familien mitunter tatsächlich gepackt bereitstanden.

Nach den Koffern und damit nach dem Verlassen dieses Landes werden Juden häufig gefragt. Freunde fragen danach, Fremde fragen danach, Journalisten fragen danach. Meist werde ich ganz direkt gefragt, ob ich Deutschland gen Israel verlassen würde. So sehr ich Israel schätze, blieben mir aufgrund meiner Migräne in zu warmen Gefilden wohl nur Großbritannien oder Kanada. Diese Länder nannte ich in der Vergangenheit typischerweise sarkastisch, weil diese Frage den Fragenden mit Scham strafen sollte. Warum werden gerade Juden gefragt, ob sie nun gehen wollen, so als läge die einfachste Lösung für das Antisemitismusproblem beim Juden. Die Frage unterstellt doch, dass das Zuhause einer jüdischen Person beliebig ist und einfach ausgetauscht werden kann.

Während die sich schneller füllenden Seiten in meinen Notizbüchern dokumentieren, wie Antisemitismus auf dem Vormarsch ist, taucht die Frage nach dem Auswandern vor allem im Zuge von schrecklichen antisemitischen Angriffen auf. Sie wurden in den letzten Jahren in Europa immer häufiger und trafen Jüdinnen und Juden in Toulouse, in Brüssel, in Paris und anderen Städten, bevor eine jüdische Gemeinde im deutschen Halle im Jahr 2019 Ziel eines Anschlags wurde. Schon zuvor gab es zahlreiche antisemitische Übergriffe in Deutschland, und die Berichterstattung wurde immer intensiver. Videos antisemitischer Tiraden oder eines mit einem Gürtel prügelnden Judenhassers in Berlin lieferten für viele Menschen in Deutschland zum ersten Mal – entgegen jeder Ungläubigkeit und jedes Unbeteiligtfühlens – Beweise für einen aggressiven Judenhass, der seelisch und körperlich verletzen oder gar zerstören will.

Das verhinderte den Anschlag auf die Synagoge von Halle jedoch nicht. Auch Politik und Polizei hielten den Attentäter nicht auf. Während er zwei Passanten ermorden konnte, hielt ihn vom Morden in der jüdischen Gemeinde am Mittag des höchsten jüdischen Feiertags Jom Kippur lediglich eine einfache Holztür auf.

Ich trug an jenem Jom Kippur, wie es gute Tradition ist, Frack und Zylinder. Eine Nachbarin, die mich gut kannte und der ich auf dem Weg zum Nachmittagsg'ttesdienst aufgefallen war, hatte noch versucht, mich davon abzuhalten, zur Synagoge zu gehen. Zu dieser Zeit war unklar, ob es eine einzelne Tat gewesen war oder noch mehr am Tag geschehen konnte. Die Synagoge war am Nachmittag und Abend in München allerdings so voll wie im Jahr zuvor. Einige Betende hatten von der Tat durch Anrufe, das Fernsehen oder das Internet erfahren, viele Betende, die auf derlei an Jom Kippur strikt verzichten, erfuhren erst beim Treffen auf andere Betende von dem Anschlag.

Für den darauffolgenden Schabbat war der erste Schulg'ttesdienst im neuen Schuljahr geplant, den ich als Teil der Schulleitung fürs Jüdische Gymnasium in München ausrichtete. Es war zunächst unklar, ob der Schulg'ttesdienst noch stattfinden konnte oder sollte, doch entschieden wir uns bald dafür. Die Tage bis dahin waren davon geprägt, den Schülerinnen und Schülern, Kindern und Jugendlichen, einmal mehr zu erklären, was diese Tat für uns als Jüdinnen und Juden bedeutete, welche Konsequenzen wir daraus schließen sollten, wie sicher wir eigentlich sind oder warum so etwas Schreckliches überhaupt geschieht. So, als hätten wir Erwachsene tatsächlich valide Antworten darauf.

Beim Schulg'ttesdienst zündeten Schülerinnen und Schüler vor den Schabbatkerzen zwei Kerzen für die Opfer an, verlasen einen Psalm, und wir schwiegen miteinander. Ich versuchte, in meiner Ansprache und Predigt Trost zu spenden. Danach begingen wir den G'ttesdienst zum Empfang des Schabbat und aßen gemeinsam. Meine Gedanken kreisten am gesamten Abend um die Holztür in Halle als bestem verfügbaren Schutz vor Ort und um das grausame Ausgeliefertsein, das Anschlägen wie diesen innewohnt. Und mehr noch um die traurige Tatsache, dass da eine neue jüdische Generation viel zu früh und in erschreckender Regelmäßigkeit mit antisemitischen Attacken aufwächst.

Ereignisse wie diese lassen sich nicht wegschreiben wie

anderer Antisemitismus. Nachdem in Toulouse 2012 drei jüdische Schüler und ein Rabbiner vor einer jüdischen Schule ermordet wurden, habe ich vor Erschütterung Seite um Seite Gedanken dazu aufgeschrieben. Zwei Wochen lang. Manche dieser Gedanken teilte ich mit anderen privat, andere öffentlich. Es half gar nichts. Der Anschlag machte mich wachsamer als jüdischer Religionslehrer, Mitverantwortlicher für eine jüdische Schule und lässt mich bis heute penibel auf die Sicherheit meiner Schülerinnen und Schüler achten. Denn wenn es andernorts geschehen konnte, obwohl es niemand vermutet hat, kann es auch hier geschehen.

EIN KÄPPCHEN, FÜR DAS ES SICH LOHNT

Nach dem letzten G'ttesdienst von Jom Kippur am Tag des Anschlags von Halle kam ich erschöpft nach Hause. Der Feiertag war vorüber, und ich wechselte zurück in meine Alltagskleidung. Ich nahm den Zylinder und die für die hohen Feiertage typische weiße Kippa ab und betrachtete sie lange, während ich auf der Bettkante saß. Wie viel Hass einem siebenarmigen Leuchter an einem Bethaus, einem sechszackigen Stern an einer Kette oder diesem Stück Stoff auf dem Kopf entgegenschlagen kann. Dieses Stück Stoff, die Kippa, darf nie mit den Augen eines Antisemiten oder mit ängstlichem Blick betrachtet werden. Man darf nicht vergessen, was für ein wundervolles Symbol sie ist.

Die Kippa ist kein ausschließlich religiöses Symbol. Sie ist das zwar in erster Linie, aber eben nicht nur. Man trägt sie als äußerst alten religiösen Brauch, der noch nicht in der Torah zu finden ist, sehr wohl aber im Talmud. Man drückt damit seine Ehrfurcht vor G'tt aus. Dass noch etwas über dem Menschen ist und über ihn wacht. Dieser Brauch wurde derart innig über die Zeiten hinweg gehegt, dass er Teil des jüdischen Religionsgesetzes, der Halacha, wurde. Doch die Kippa ist vor allem ein Ausdruck von Zugehörigkeit: grundsätzlich zum jüdischen Volk, in ihren gestalterischen Feinheiten zu einer bestimmten jüdischen Strömung oder Gruppierung. Und das mag auch eine jüdische kulturelle, politische oder institutionalisierte soziale Gruppe sein.

In jüdischen Altenheimen tragen ebenso einige nichtreligiöse jüdische Herren eine Kippa. Bei Kulturveranstaltungen werden mitunter passende Kippot verteilt, die dann viele tragen. Bei einer jüdischen Hochzeit tragen oft die atheistischsten jüdischen Herren im Festsaal noch ihre weiße Satinkippa. Die schwarze Samtkippa von flach bis konisch weist auf einen orthodoxen Träger hin. Und eine Regenbogen-Kippa mag demonstrieren, dass man sich solidarisch mit der LGBTQIA-Community zeigt oder selbst dazugehört; sie kann aber auch zu einer bestimmten amerikanischen jüdischen Strömung gehören oder für eine familienfreundliche Veranstaltung getragen werden. Denn der Regenbogen wird gern in Kinder- und Familienkontexten genutzt. Eine Kippa – ganz gleich welcher Form und Farbe – auf dem Kopf einer Frau ist in manchen Kreisen ganz normal, aber in den meisten Kontexten noch immer ein Zeichen geforderter oder errungener Gleichberechtigung. Die Schülerinnen und Schüler einer jüdischen Schule können per Schulverordnung dazu angehalten sein, eine Kippa zu tragen, und betrachten sie dann als Teil einer Art Schuluniform. Und es gibt noch dutzende andere Kontexte, in denen die Kippa eine jüdische Person spezifisch verortet.

Welche spezifische Zugehörigkeit die Kippa auch immer

ausdrücken mag, sie ist stets eine Zugehörigkeit zu etwas Jüdischem. Als Jude kann ich die Arten von Kippot vielleicht noch auseinanderhalten, für nichtjüdische Betrachtende sind sie jedoch fast immer unsichtbar. Kippa bedeutet Jude. Oder bedeutet Israeli, was für einen Großteil der hiesigen Bevölkerung ohnehin dasselbe ist.

In diesem Land nennt man dieses Kleidungsstück überhaupt erst seit der Nachkriegszeit konsequent Kippa, als wäre das vollkommen selbstverständlich. Nicht wenige der jüdischen Großeltern und Urgroßeltern nennen sie Jarmulke – die jiddische Bezeichnung, die noch heute die gängige Bezeichnung im englischsprachigen Raum ist. Käppchen, Kappe, Kappele oder Käpple heißt sie im Deutschen, je nach Dialekt.

Sie ist ein Kleidungsstück, das zu bestimmten Zeiten aus bestem Stoff und reichlich verziert mit Stolz verschenkt wurde, zu anderen Zeiten wiederum ein einfacher Alltagsgegenstand war, der in der Sonne ausblich, der viel Regen und Schnee ertrug, immer wieder auf den Boden fiel, Staub, Macken und Löcher abbekam, bis er dann durch einen neuen ersetzt wurde. Ein so innig behandeltes Kleidungsstück, mit dem man betete, aber auch auf dem Feld arbeitete, es nur zum Schlafen im Schtetlbett abnahm und küsste, wenn es einem einmal heruntergefallen war. Oder das man, an anderem Ort zu anderer Zeit nur für den Gang in die Synagoge hervorholte und wusste, dass genau diese Kippa, nein, dieses Käppchen vom Großvater an einen vererbt worden war. Oder das Kleidungsstück, für das man im Ghetto vom deutschen SS-Mann mit höherer Wahrscheinlichkeit erschossen werden konnte, wenn man es trug. Ein Kleidungsstück, das man in der Synagoge oder auf dem Friedhof aufsetzt, manche dabei nicht aus Respekt vor G'tt, sondern aus Respekt vor dem Ort, der Institution, den Toten oder der Vergangenheit.

Die Kippa ist nicht nur ein Stück Stoff. Sie ist ein Symbol jüdischer Zugehörigkeit, jüdischer Religion, Kultur, Geschichte, Zivilisation. Sie war immer etwas Freiwilliges, wurde und wird daher womöglich umso liebevoller gepflegt und mit vielen Bedeutungen bedacht. Das macht eine Kippa zu etwas Eigenem, Persönlichem, und zugleich ist sie einheitsstiftend und universell jüdisch. Sie ist kostbar. Als Symbol und in ihrer Bedeutung bleibt sie verteidigungswürdig. Jüdische Sichtbarkeit bleibt verteidigungswürdig.

Ich würde nun gerne behaupten, ich hätte genau daran gedacht, als ich auf meiner Bettkante dieses schlichte weiße Käppchen anschaute. Doch ich dachte an die Worte meines Opas: »Damit bist du immerzu gut behütet.«